Das „Große Spiel"

Das Leben ist ein Spiel
kosmisch sowie universal

„Das Spiel ist so notwendig
für das menschliche Leben,
wie das Ausruhen."

Thomas von Aquin

„Nur Arbeit und kein Spiel macht dumm."

Karl Marx

„Genius ist die Einführung eines neuen Elementes
in das intellektuelle Universum."

William Wordsworth

Günter Skwara

Das „Große Spiel"

Das Leben ist ein Spiel
kosmisch sowie universal

Bibliografische Information der Deutschen Nationalbibliothek:

Die Deutsche Nationalbibliothek verzeichnet diese Publikation in der Deutschen Nationalbibliografie; detaillierte bibliografische Daten sind im Internet über http://dnb.dnb.de abrufbar.

Illustration:
Günter Skwara privat

Herstellung und Verlag:
BoD – Books on Demand, Norderstedt

ISBN: **978-3-7528-5155-7**

Inhalt

Kapitel 01: **Absichtserklärung**
Die vollständige Rehabilitierung
unserer großartigen, geistigen Fähigkeiten.

07 bis 20

Kapitel 02: **TAO über TAO**
Unabhängig vom genaueren Wissen über den
Taoismus hat sich mir TAO aus Spirituellen
Rückführungen offenbart.

21 bis 54

Kapitel 03: **Der Geist des Spielens**
Als klare und reine Spielgeister sind wir in einem
vorerst geistig geprägten Kosmos angetreten.

55 bis 61

Kapitel 04: **Ebenen der Geister**
Als klare und reine, von Liebe und Licht,
dem Göttlichen TAO, getragene Spielgeister
sind wir in diesem Kosmos angetreten.

62 bis 85

Kapitel 05: **Humor**
„Humor ist, wenn man trotzdem lacht."

86 bis 91

Kapitel 06: **Unabdingbare Bestandteile von Spielen**
Ohne all diese Bestandteile gibt es kein Spiel.
Beim Fehlen eines Bestandteils wird das
Spiel verrückt.

92 bis 101

Kapitel 07: **Gefangene von Regelwerken**
Menschen sind gereizt und genervt von der
Überflutung mit einer Vielzahl von Regeln.

102 bis 108

Kapitel 08: Spielverderber
Ein Spiel muss Spaß machen dürfen und ohne
übermäßige, andauernde Anstrengung sein.

109 bis 121

Kapitel 09: Genius:
Die 24 Qualitäten eines genialen Spielers
Das Talent stellt nur Teile dar, das Genie
das Ganze des Lebens.

122 bis 137

Kapitel 10: Ursache und Wirkung:
Regisseur im eigenen Leben
TAO, die Person selbst, als Geistiges Wesen
ist das alleinige, ursächlich mit Vernunft
begabte Prinzip.

138 bis 148

Kapitel 11: Imagination:
Die magische Kraft der Gedanken
Sprichwort: "Achte auf Deine Gedanken,
sie sind der Anfang Deiner Taten."

149 bis 167

Kapitel 12: Hoffnung + Glaube + Liebe
In der Erwartung von etwas Zukünftigem kann es
sowohl etwas Gutes als auch Schlechtes geben.

168 bis 173

Kapitel 13: Wir machen Zukunft:
Der Traum von Zukunft wird Wirklichkeit
Von Gegenwart zu Gegenwart hangeln wir uns
voran, hinein in die Zukunft.

174 bis 183

Kapitel 14: Schlussbemerkungen
Niemand darf sich als etwas Besseres wähnen.

184 bis 186

Das „Große Spiel"

Die entscheidende Frage ist:

„Beherrschst Du das Spiel oder beherrscht das Spiel Dich?"

Als klare und reine, von Liebe und Licht, dem Göttlichen TAO, getragene Spielgeister sind wir angetreten.

Wir, zumindest die TAO-Geister der „ersten Stunde", wurden vom Göttlichen TAO ausersehen ein neues, erst ein geistig kosmisches und dann ein universales Spiel zu erschaffen. Das „Spiel des Lebens" entstand wesentlich später.

Wir haben uns, zu jener Zeit vor jeglicher Zeit, die Spielbasis selbst gestaltet:
Das bipolare, dreidimensionale, physikalische Universum.

Auch dessen Gesetzmäßigkeiten dafür haben wir geschaffen, mittels Versuch und Irrtum und abermaligem Versuch ... .

Spielmöglichkeiten der unterschiedlichsten Arten wurden von uns selbst erschaffen, um die Vielfalt der geistig kosmischen Spiele sowie des universalen Spielgeschehens voll auskosten zu können.

Je hochwertiger ein Spiel ist, desto höher schwingt sich TAO, die Seele, hinauf.

Es liegt ausschließlich an uns selbst, ob wir das jeweilige Spiel unseres eigenen Lebens mit einer hohen oder mit einer niederen Schwingungsqualität ausstatten.

Zu jeder Zeit und an jedem Ort muss uns bewusst sein:

Wer seinen ursprünglichen Spielgeist verliert hat verloren, noch bevor sein Spiel des Lebens richtig begonnen hat.

Theoretisch wären wir immer noch fähig alle Varianten des ursprünglich geistigen Erlebens zu spielen.

Jedoch besonders hier, auf dem Planeten Erde, begeben wir uns bis in die Niederungen des von Lebenseinheiten Erlebbaren. Wir binden uns hier hauptsächlich in das Lebensgefühl von Menschen, seltener in das von Tieren oder Pflanzen.

Erleben oder „Erlebtes Leben" heißt unsere ursprüngliche Devise, wobei uns häufig die Notwendigkeiten des Überlebens einholen. Wir landen so in einem wenig befriedigenden Zustand fremdgesteuerter, externer Führung, einem uns als TAO extrem unangenehmen, dem: **„Durch andere gelebt werden."**

All dieses Wissen offenbarte sich mir im Verlaufe von jahrzehntelangen Spirituellen Rückführungen.

Aus allerlei eigenen sowie fremden Betrachtungsweisen heraus, ergibt sich die folgende Absichtserklärung.

Absichtserklärung

Druide des TAO zu sein bedeutet lebenslang daran arbeiten zu wollen dem Ursprung, dem Göttlichen TAO, näher zu kommen.

Unsere Lebensweise, andere würden „Religion" (für dieses Wort gibt es keine eindeutige Definition) dazu sagen, war und ist TAO.

TAO steht dabei sowohl für das Göttliche Sein, den Göttlich zu nennenden Ursprung, als auch für uns, die Seele, das ureigene Selbst, den Inbegriff des Göttlichen im Geistigen.

Wir TAO-Druiden sind nicht direkt vergleichbar mit den verschiedenen Druiden wie sie in unseren Tagen den Planeten Erde bevölkern.

Wir hatten unsere Heimatwelten im Sonnensystem Atalant, einem Doppelstern-System innerhalb dieser Galaxis, der Milchstraße.

Das Volk der Atalanter umfasste natürlich nicht nur Druiden. Im weitesten Sinne schwangen jedoch alle Bewohner der atalantischen Planeten und der Monde im System eines ähnlich gearteten, morphischen Feldes.

Dadurch erlangten wir ein wunderschön harmonisches Zusammenleben.

Ich, Gunar, Druidorix der Druiden des TAO, habe die Spirituellen Maßnahmen (wie Spirituelle Rückführung, Spiegelmeditation und Energiefeldausgleich) im Einflussbereich des Sternenbundes von Kabar kennen und schätzen gelernt.

Mit Hilfe von Spirituellen Rückführungen und der Spiegelmeditationen begegnen nicht nur die Menschwesen sich selbst.
Du findest dadurch Dein Selbst als TAO. Damit wird zudem das Dasein im Hier und Jetzt stabilisiert.
Diese Arten der Maßnahmen ermöglichen es den Wesenheiten in ihre eigene Vergangenheit einzutauchen, erst unter fachkundiger Führung und/oder letztlich selbst.
Mit etwas Übung lassen sich damit tiefgreifende Erkenntnisse gewinnen.

Die Spiegelmeditation ist allerdings keine Spirituelle Rückführung, wie wir sie anwenden, um die Transformation vom körperlichen Dasein hin zum Geistigen Wesen zu erreichen.

Wir, die Druiden des TAO, verwandten und vermittelten die Beherrschung der Spirituellen Rückführung. Sie ist eine als religiös zu bezeichnende Maßnahme.

Sie dient der gezielten Befreiung des Geistigen TAO, der Seele, aus so manchen Problemstellungen und unterstützt die Bewältigung der Herausforderungen des Lebens, geistiger und körperlicher sowie sozialer Arten.

Die daraus resultierende Sichtweise vom „Großen Spiel", des Universum sowie des Lebens, lässt uns ein etwas freieres Denken einnehmen, als bei den Denkstrukturen der Anderen, im Körperlichen gefangenen Mitwesen.

Diese Sicht hebt uns aus dem Dasein abhängiger Sklaven heraus.

**Was ist nun meine Absicht,
wenn ich Spiegelmeditationen sowie
Spirituelle Rückführungen anbiete?**

Ich habe aus meiner nun schon jahrzehntelangen Arbeit mit der Spirituellen Rückführung sowie mit den Spiegelmeditationen feststellen dürfen, dass wir alle irgendwie über lange Zeiten und weite Räume hinweg, bis heute miteinander in Verbindung stehen.

Zudem gibt es keine Zufälle und es gibt so gut wie kein dramatisch geladenes Ereignis dieses Lebens, das wir nicht in ähnlicher Form, in früheren Leben schon einmal durchlaufen haben.

Der Raum mit seinen energetischen sowie materiellen Ausprägungen und speziell der Ablauf von Zeit sind von uns allen dauerhaft aufrecht erhaltene Illusionen.

Sie existieren lediglich in der geistigen Übereinstimmung, die wir miteinander Realität nennen.

Dabei ist Zeit nichts weiter als: <u>Bewegung im Raum - nichts anderes als die Bewegung von Energien im Raum.</u>

Materie ist wiederum lediglich eine andere Ausprägung von Energie, ein entsprechendes Energiepotenzial das ein-fach relativ zur Umgebung relativ still steht.

Damit Du meine Absicht noch besser verstehen kannst, erzähle ich Dir hier zum Einstieg etwas wirklich entscheidend Wichtiges aus unserer - nicht von irgend jemand anderem - gemeinsamen TAO-Vergangenheit:

Vor langer, langer, wirklich sehr langer „Zeit", damals als dieselbe noch nicht einmal als solche darstellbar war, wollten beziehungsweise sollten wir spielen.

Wir waren in höchstem Grade kreativ. Wir waren fähig Dinge und Szenen zu erschaffen, allein aus der Kraft unserer Gedanken heraus.

Unser TAO-gerechtes, Göttliches Künstlerdasein regte uns mit Macht dazu an, etwas miteinander zu gestalten.

So einigten wir uns - die wir jetzt noch sehr „eng" beieinander waren, geistig intensiv verbunden - mehr oder weniger freiwillig darauf, uns in einem großen, gemeinsamen Spielgeschehen zu verwirklichen.

Gesagt, getan, beziehungsweise auf der höchst reinen, geistig verknüpften Ebene telepathisch damit übereingestimmt, einfach erdacht, schließlich doch wieder zusammen getan, erschufen wir uns ein Spielfeld:

Dieser ursprünglich noch ausschließlich geistig zu nennende Kosmos wurde zum physikalischen Universum - zumindest zu einem der vielen Vorläufer unseres jetzigen Universum.

Der spielerische Einstieg bestand anfangs einfach darin Raum zu erschaffen, um sich dann in ihm Formen ausdenken zu können. Dies probierten wir aus, miteinander oder jeder für sich. Wir visualisierten uns gegenseitig Möglichkeiten und erschufen nach und nach Gemeinsames.

In der Anwendung des Prinzips von Versuch und Irrtum, bis hin zu Versuch und Erfolg, schufen wir vielerlei Dinge und entwickelten Regelungen mit denen wir im Großen und Ganzen übereinstimmen konnten.

Die telepathische Kommunikation war „damals" (in der Zeit ohne Zeit) unser gemeinschaftliches Denken.

Wir waren dadurch in jedem imaginären „Raum", einem neu erschaffenen "Ort", zu jeder noch immer nicht vorhandenen "Zeit" sehr nahe beieinander (das sagte ich zwar schon, aber man kann es nicht oft genug wiederholen).

Raum, Tiefe, Form und Struktur mussten erst konstruiert werden; wie auch sämtliche, noch bis zum heutigen Tage mehr oder minder gültigen, bis schon fast endgültigen Naturgesetze. Diese Regelungen wurden im Laufe des schöpferischen Prozesses aufgestellt, gebrochen und immer wieder neu gefügt.

Als - nach Äonen heutiger Zeitrechnung - alles halbwegs soweit fertiggestellt war, wurde das Spielgeschehen erst einmal ziemlich langweilig. Wir „lehnten uns zurück" und genossen das gemeinsame Werk.

Erst durch die **Einführung des Vergessens**, dem Herausfallen aus dem alles Können und dem Allwissen, nahm der Erschaffungsprozess wieder Fahrt auf.

Eine von anderen Wesenheiten (nicht aus unserem Spielfeld > ein anderer Teil der Geschichte) zwangsweise eingebrachte Idee, dass es auch Gegenspieler geben könnte machte das Spielsystem noch interessanter und lebendiger oder auch tödlicher; somit zu einer gefährlichen Wirkungsweise.

Es traten dadurch Stärkere und Schwächere auf, die sich gegenseitig irgendwie austricksten, um Gewinne zu erzielen.

Die Gegensatzpaare der Gefühle von trennendem Hass zu verbindender Liebe waren uns trotz der erlittenen Niederlagen vorläufig weiterhin völlig fremd. Für uns gab es weder Gut noch Böse.

Lasst uns daher jetzt, zum leichteren Verstehen, einige Milliarden Jahre heutiger Zeitrechnung überspringen.
Das Universum ist nämlich insgesamt wesentlich älter als man es uns glauben machen möchte oder es die Damen und Herren der Wissenschaft selbst meinen.

Der so genannte Urknall ist nicht der wahre Beginn. Für uns, als noch relativ reine, geistige Wesen, war Zeit eh noch immer nicht wichtig.
Erst langsam (oder doch schneller?) maßen wir ihr immer mehr Bedeutung bei.

Wir aus TAO und durch TAO entstandenen Geistwesen, die wir selbst TAO waren und bis heute sind, beschäftigten uns lange, lange „Zeit" erst einmal damit, das Spiel zu vervollständigen.
Wir begannen auch damit, das nun gigantisch gewordene Spielfeld, genannt Universum, unter uns aufzuteilen, weitere geistige Aspekte verschiedener Arten ins Geschehen einzufügen. Das Ganze sollte einfach immer interessanter und dramatischer gestaltet sein.
Durch die Schaffung von Körpern, in großer Zahl und Vielfalt - nicht nur die heute bekannten Fleischkörper - ließen wir den gemeinsamen, geistigen TAO-Ursprung zunehmend hinter uns.
Wir verstrickten uns immer tiefer in das Spielgeschehen: Vom "Leben erleben" - bis hin zum brutal geführten „Kampf ums Überleben".
Dies ist durchaus vergleichbar mit real gewordenen Schachphantasien oder mit modernen Computerspielen, in die sich Menschen bis zum Exzess vertiefen.

Zu einer als „später" zu bezeichnenden Zeit wurde das „Rad des Lebens" oder Ähnliches geschaffen, beziehungsweise wir haben damit übereingestimmt.

Jetzt hatten wir tatsächlich den ständig wiederkehrenden Rhythmus von Leben, Sterben, Tod und Wiedergeburt eingeführt.

So steuerten wir nun ab und zu einige Körper - Mensch, Tier, Pflanze oder ... . Wir agierten beim Ablauf der Machenschaften von Leben, von Biomassen, mit wachsender Begeisterung.

Im Zuge der Einführung der Zeitabläufe, nun war Zeit an verschiedenen Zyklen nachvollziehbar und sogar real messbar geworden, verstärkten wir auch ein altes Spielelement: Das Vergessen.

Zunehmendes Vergessen reduzierte unser jeweiliges Wissenspotenzial erheblich - erhöhte damit aber zugleich den Reiz im Spiel.

Erst beim Ablegen von Körpereinheiten, so genannt Tod, fanden wir, zumindest damals noch, erneut einen gewissen Anschluss an unseren Ursprung und an den ursprünglichen Wissensschatz. Dieses Erkennen verflog allerdings immer mehr.

Speziell die menschlichen Körperformen waren für uns so faszinierend, dass wir uns immer öfter und immer enger mit ihnen verbanden.

Wir empfanden regelrecht überwältigend aufregende Verlustgefühle, wenn die Menschenähnlichen andauernd zu Tode kamen. Das geschah entweder nach dem Ablauf von vorgegebenen Lebenszyklen oder gewaltsam.

Das Spüren, das emotionale Fühlen der Körper, auf der Basis biochemischer Elektrizität, war irgendwie faszinierend, in höchstem Masse anziehend, geradezu erregend.

Niederdrückende, ins Physikalische herab ziehende, heftige Gefühlsstürme mit Tod, Trauer, Angst, Schmerz und Wut überwältigten viele von uns zunehmend.

Die Sucht danach ließ uns immer wieder, dann noch tiefer in den Strudel des Lebens eintauchen, zog uns regelrecht hinein.

Im Verlaufe der fortschreitenden Zeiten fielen wir immer mehr dem Vergessen zum Opfer.

Unser bewusstes Sein wurde schwächer, immer schwächer - auch über die wiederkehrenden Lebensabschnitte hinaus, die wir in den Körpern der verschiedenen Arten zubrachten.

Bei jedem Neustart, in weiteren Körpern, konnten wir uns nur noch vage daran erinnern, jemals zuvor gelebt zu haben, geschweige denn ein Geistiges Wesen zu sein. Dennoch oder gerade deshalb wirkten frühere Erlebnisse aus einem nichtbewussten (keineswegs unterbewussten) Dasein heraus in die jeweilige Gegenwart herein.
Speziell die als sehr dramatisch empfundenen Geschehnisse ließen uns über Ewigkeiten hinweg nicht mehr los.

Darüber hinaus wurde (wir haben es selbst bewirkt, haben es zugelassen oder einfach damit übereingestimmt) unser ursprüngliches, gewaltiges BewusstSein aufgeteilt, gespalten, über Raum und Zeit verstreut und dabei auf viele, viele verschiedene Körpereinheiten gesplittet.

Erst jetzt können wir uns wieder in erkennbarem Umfange wahrnehmen, als TAO, als uns Selbst, die Geistige Wesenheit, eben mit Hilfe von Spirituellen Rückführungen oder von Spiegelmeditationen.

Viele verschiedene Aspekte von uns hängen noch heute fest, in der Weite des so genannten Raum-Zeit-Kontinuum. Dies kostet uns im Leben der Gegenwart eine Menge Energie, aufgrund der weithin verteilten Aufmerksamkeitsanteile.

Viele der Aufmerksamkeitsanteile, unser energetisches Potenzial, sind in der Vergangenheit gebunden, an damalige Ereignisse und an ehemalige Körper.
Die Aufmerksamkeit ist tatsächlich eine energetisch geladene Hinwendung zu jemandem oder zu etwas.
Erst die vollständige Loslösung von diesem eigentlich längst Vergangenen lässt uns in der Gegenwart auch wieder zu unserer ursprünglichen Größe und Kraft aufsteigen.
Dass wir heute trotzdem überhaupt noch existieren können, ist schon ein zumindest „kleines" Wunder.

Wir, TAO, die ursprünglich mächtigen Geistigen Wesen, steuerten darüber hinaus und steuern noch immer mehrere unterschiedliche Körper, ohne dass es uns jetzt bewusst ist.

Wir konnten anfangs ganze Welten und Sonnensysteme mit Körpereinheiten bevölkern, deren einziger „Gott" wir waren.

Wir hatten tatsächlich die Macht über Leben und Tod jedes einzelnen unserer eigenen, selbst geschaffenen Individuen.

Völlig bewusst verteilten wir zu jener Zeit unsere Energie, die Einheiten an Aufmerksamkeit, auf das körperliche Dasein sowie das emotionale Erleben der Lebewesen.

Mit abnehmendem Bewusstseinsgrad verstreuten wir uns mehr oder weniger chaotisch (einige mehr, andere weniger), sowohl auf der Zeitlinie als auch im mittlerweile weiten Raum des Universum.

Das heißt für heute,
der Illusion von flüchtiger Gegenwart:

Wir, jeder von uns, existieren derzeit zur gleichen (auch jetzt noch imaginären) Zeit in mehreren Körpern - nicht nur auf diesem Planeten.

Außerdem haben wir immer noch lebendige Verbindungen zu unseren früheren Leben und den entsprechenden früheren Körpern.

Besonders durch das, als höchst dramatisch empfundene, gewaltsame Sterben (Katastrophen, Krankheiten, Unfälle oder Tötungen), entstanden Verluste, die sich aufgrund der urplötzlich auftretenden Dramatik unserer unmittelbaren Kontrolle entzogen.

Speziell diese Dramatisationen banden damals und binden noch immer, unsere Lebensenergie an die Geschehnisse im Ablauf der Zeiten.

Seitdem wir uns demnach in unseren, ach so faszinierenden, biochemisch gesteuerten Kohlenstoff-Körpern eingeschlossen hatten, verloren wir auch zunehmend unsere geistigen Fähigkeiten.

Dies geschah zum großen Teil aus eigenem Entschluss oder zumindest in Übereinstimmung mit dem damit verbundenen Abenteuer.

Insbesondere mit Einführung der hauptsächlich geistig stark fixierenden Idee von fest vorgezeichneten Zeitabläufen (wie zum Beispiel bei dem „Rad des Lebens"), gelang es uns nun nicht mehr so leicht, wenn überhaupt, den ach so wertvoll gewordenen Organismen zu entkommen.

Hauptsächlich **die geistige Verbindung per telepathischem Bewusstsein wurde degradiert** und bis zur Unmöglichkeit abgewertet, geradezu abgeurteilt.

Wir haben alle miteinander beziehungsweise gegeneinander ein wenig dazu beigetragen.

Schließlich hat diese Maßnahme das „Große Spiel", jetzt besonders des Lebens, noch spannender gemacht.

Geheimnisse und düstere, unklar nebelverhangene Mythen wurden gesponnen, damit wir darin unfähig werden sollten.

Sogar einige unserer, als religiös zu bezeichnenden Kreationen verurteilten entsprechende Befähigungen vehement.

So haben wir uns, im Laufe der langen, langen Zeit, unserer uralten Fähigkeiten gegenseitig selbst beraubt. Speziell durch **Selbstabwertung** und indem wir die **Fremdabwertung** durch andere immer und immer wieder zugelassen haben, erhöhten wir den Reiz im „Großen Spiel", fast schon absichtlich und gezielt.

Diese Verrücktheit ist Sadismus und Masochismus in Einem; einer Art und Weise sadistischer Qual, die wir uns selbst zufügen, um dann darüber jammern zu können, in masochistischen Betrachtungen.

Durch beständige Abwertung und aufgrund mangelnder Bestätigung von außen, von anderen Menschwesen, werden wir im gegenwärtigen Weltgeschehen andauernd, mit voller, nunmehr böswillig zu nennender Absicht auf unsere Körper reduziert.

Der von gewissen Leuten gesteuerte Sinn hinter dieser Absicht ist wieder einmal die Erschaffung einer dauerhaft funktionierenden Sklavenrasse.

Denn als Stimmvieh sowie als Konsum- und Arbeitssklaven lassen wir uns natürlich sehr viel leichter regieren und lenken als im bewussten Sein unserer geistigen Herkunft.

Man, wer auch immer das sein mag (denn letztlich sind wir es immer wieder selbst, wenn und soweit wir selbstbestimmt darin übereinstimmen), versucht uns immer und immer wieder intensiv einzureden, dass wir nichts anderes als ausschließlich Biomassen sind.

Unser geistig bewusstes Sein wird zu einem Bewusstsein welchem bestenfalls noch Gehirn und Rückenmark zugerechnet wird.

Die Beseelung durch TAO, uns Selbst, wird mit Bedacht den Hirn-, Nerven- und Drüsenfunktionen untergeordnet.

Die Wahrheit ist jedoch, und daran hat sich nichts geändert:

"Du bist nicht Dein Körper."

Besser gesagt:

"Du bist TAO, Du Selbst, die Seele!"

Mich hat es verwundert, dass die Vertreter der Religionen nicht endlich einmal hellhörig wurden und sich mit aller Macht der Abwertung des Geistigen, der offensichtlichen Maßnahmen zur Verweltlichung, durch die Körperverehrer entgegen stellen.
Doch genau das Gegenteil ist der Fall. Ich hege den Verdacht: Auch dort weiß man mittlerweile nicht mehr, wer eine Seele wirklich ist. Will oder darf man es nicht mehr wissen?

Wenn es uns offenkundig vermittelt würde, könnten wir, TAO, die Seelen, uns doch tatsächlich auf uns Selbst besinnen! Es besteht dadurch die ernste Gefahr: Geistige Wesen könnten möglicherweise selbstbestimmt erstarken, ohne die andauernde Mitgliedschaft zu brauchen, bei den von Besitz-, Kontroll- und Machtstreben geprägten Gemeinschaften.
TAO, die Seele, könnte auch von Religionen unabhängig werden und schließlich frei sein.

Ich bin zu dieser Ansicht gelangt und genau deshalb ist eben Folgendes **meine Absicht**, ohne Wenn und Aber und aus dem klaren Wissen über unsere ursprüngliche Herkunft heraus:

Die Transformation vom Menschsein zum Geistigen TAO-Wesen und damit die vollständige Rehabilitierung unserer großartigen, geistigen Fähigkeiten.

Das bewusste Sein für TAO, das "Geistige Wesen", das "Ich bin", die „Person selbst" muss wieder rehabilitiert werden. Es geht darum uns als TAO, die Seele selbst, die Person selbst, wiederzufinden.

Denn wie mir aus dem Spirituellen, dem Geistigen, heraus mehr und mehr und immer öfter bewusst gemacht wurde:

Nur die Selbsterkenntnis, das Erkennen dessen, wer oder was wir selbst sind, lässt uns wieder stark und unabhängig und wirklich glücklich sein.

Unsere Aufgabe ist das Erkennen:

Welchen Sinn hat unser Dasein? welchen Sinn geben wir unserem Dasein? Wie haben wir in dieser Erkenntnis miteinander umzugehen?

Aus dem Selbst heraus, dem seelischen Dasein, haben wir die Chance uns als das Göttliche TAO wahrzunehmen und entsprechend zu akzeptieren.

Darum, lasst uns gemeinsam, in einer großen, den Geist des TAO vereinenden Anstrengung, danach streben heil und darüber hinaus heilig zu werden, es schon jetzt zu Sein.

Es mag anmaßend oder verwegen klingen, doch genau dies ist der Weg. Er führt hinaus aus diesem „Jammertal" des „Großen Spiels". Lasst uns daher, sowohl jeder für sich als auch schließlich alle gemeinsam, herunter steigen vom tödlich wirkenden „Rad des Lebens".

Letztendlich können nur alle zusammen den Spielverlauf verlassen. Deshalb ist es zwar löblich, wenn einzelne versuchen allein voran zu kommen. Sie können so eine Vorbildfunktion übernehmen. Doch den entscheidenden letzten Schritt müssen wir insgesamt vollziehen.

Zuerst einmal geht es ausschließlich darum, bewusst zu erkennen, dass wir uns tatsächlich im „Großen Spiel" des Universum sowie des Lebens befinden, dies vorläufig akzeptieren zu wollen und das Bestmögliche daraus zu machen.

Nur so kann auch die Rückkehr von TAO, der Seele, sogar in unsere derzeitige Zivilisation funktionieren.

Auch die Befähigungen zur Telepathie und zur Geistheilung werden damit wieder zu vollständig anerkannten Fähigkeiten erstehen.

Die vielfältigen, geistigen Befähigungen helfen sodann allen Menschwesen bei der Bewältigung ihres Lebens.

Ausschließlich indem wir uns im Zueinander, im Miteinander und im Füreinander liebevoll gegenseitig stützen und unterstützen werden wir es schaffen.

Wir haben einfach die Regeln des Spiels, die allgemein gültigen Spielregeln, zu lernen, sie anzuwenden und dem deutlich gewordenen Ziel zuzustreben, mit <u>allen anderen</u> gemeinsam zu gewinnen. Die entscheidende Erkenntnis aus dem Verlauf des „Großen Spiels" muss sein, dass wir nicht allein sind und im Miteinander siegen können!

Nur über die völlige Übereinstimmung zur vollständigen Rehabilitation unserer geistigen Fähigkeiten, zu deren Anwendung, sowie zum kontrollierten Tun, im Bewusstsein der Wissensinhalte des Erlebens und des Überlebens, gelangen wir zueinander, als Menschen sowie als Wesen, im unmittelbaren Hier und Jetzt.

Dabei geht es niemals darum, andere durch Kontrolle zu unterdrücken oder sie zu übervorteilen.

Denn erst die Fähigkeit zu eigenem bewussten Sein, zu Selbsterkenntnis und zur Selbstkontrolle ermöglicht auch verantwortungsbewusste Fremdkontrolle.

So liegt es auch mir fern **Angst oder Protest** hervorrufen zu wollen. Schließlich wissen wir alle, die wir uns ein wenig mit den geistigen Gesetzen beschäftigt haben, was geschieht, wenn wir in Resonanz mit solch niederen Emotionen und Betrachtungsweisen treten.

Das Sprichwort, die uralte Volksweisheit, sagt hierzu:

**„Wie man in den Wald hinein ruft,
so hallt es zurück!"**

Im Physikalischen sowie bei der Kommunikation mit anderen kennen wir zudem den Satz:

„Druck erzeugt Gegendruck."

Ebenso können wir die Funktion des Gesetzes der Anziehung für uns selbst und für andere nutzen.

Indem wir dem Umkehrschluss folgen, wird das aus den Worten von Maria Szepes klar:

„Sich vor etwas fürchten, heißt zum Magneten werden, für den Gegenstand der Furcht. Sobald aber die Furcht aufhört, hört auch die Anziehungskraft auf."

aus ihrem Buch „Der rote Löwe"

Ein amerikanischer Philosoph meint hierzu:

„Wogegen Du am meisten protestierst oder wovor Du am meisten Angst hast, davon wirst Du Wirkung."

Sodann die Empfehlung an uns alle:

„Bleibt Ursache im Leben, nur so widersteht Ihr all den Kräften die Euch übel gesonnen sind."

TAO über TAO

Weit über hundert Spirituelle Rückführungen, in den letzten 30 Jahren, haben mich davon überzeugt:

Es gibt nur den einen Ursprung, ein ursprüngliches Sein des Göttlichen im All, weit über unser Universum hinaus, damit nur eine Quelle für alle religiösen Betrachtungen.

Unabhängig vom genaueren Wissen über den Taoismus hat sich mir TAO aus Spirituellen Rückführungen offenbart.

So konnte ich folgende sieben ursächliche Gemeinsamkeiten entdecken:

1) Es gibt ein TAO-GöttlichSein, weder Er noch Sie noch Es, ausschließlich Sein.

2) TAO-GöttlichSein ist kein Bestandteil irgendeines Universum, weder des unseren noch von anderen.

3) Liebe und Licht (hochwertige, energetische Prinzipien) entsprechen dem TAO-GöttlichSein.

4) Das TAO-GöttlichSein kreiert aus sich heraus Geistiges, zur Schaffung von Universen oder dergleichen.

5) Das TAO-Geistige findet sich in entsprechenden Wesenheiten, von Elementen bis hin zu Individuen.

6) Aus dem TAO-GöttlichSein entspringt jegliches Energetische, hervor gerufen durch das Geistige.

7) Das Energetische dient den Geistigen Wesenheiten als „Baumaterial", durch Umwandlung ins Physikalische, Energie und Materie.

21

Das GöttlichSein hat sich mir als TAO erschlossen. Somit entstanden die nun folgenden Erkenntnisse:

Wir alle sind vom Göttlichen TAO das Geistige TAO, die Seele oder das Geistige Wesen, der „Göttliche Funke", die „Person selbst", das „Ich bin" oder wie auch immer man sich selbst benennen will.

Das Miteinander, das Zueinander in TAO ist weder eine Kirche noch eine andere organisatorisch geführte Glaubensgemeinschaft.

TAO ist einfach Jegliches, alle Wesen und mehr, ohne es extra einer Gemeinschaft zuordnen zu müssen.

„Du bist TAO, auch wenn Du von Dir nicht sagst, dass Du TAO bist oder sagst, dass Du nicht TAO bist. Immer und immer bleibst Du TAO."

Göttliches TAO, den Göttlichen Ursprung, den Zugang zu unserem ureigenen Selbst finden wir in völlig Bewusstheit über die Maßnahmen der Spirituellen Rückführungen.

Diese drei Buchstaben werden uns immer wieder einmal begegnen:

T und A und O.

Man kann sie als ganzes Wort lesen oder tatsächlich als einzelne Buchstaben wahrnehmen.
Ich nutze hierfür Irdisches, um im Rahmen der hier gültigen Begriffe verstanden zu werden.

TAO, bestehend aus den Buchstaben:

T > Dieses große T verkörpert ein Urkreuz, das griechische und hebräische Tau-Kreuz.
Es ist verwandt mit dem ägyptischen Henkelkreuz, dem Ankh, dem Symbol für Heilung und Weihung.

A > Griechisch Alpha, vom semitischen Aliph oder Aleph, was Ochse oder Stier heißt. Der Stier ist das erste Zeichen im astrologischen Tierkreis.

Der erste Buchstabe im Alphabet ist das A, das Symbol für den Anfang.

O > Griechisch Omega, ist der letzte Buchstabe im griechischen Alphabet. Es ist das Symbol für das Ende.

Das O ist zugleich ein Kreis, oder eine Kugel, das Symbol für Unendlichkeit und Universalität, ohne Anfang und ohne Ende, der Inbegriff des Vollkommenen.

Ein Punkt im Kreis, hier nicht sichtbar, bedeutet die ursprünglich manifestierte Idee. Das Göttliche TAO ist dieser Punkt.

TAO ist die ursächliche Vernunft
im Chinesischen ebenso wie bei uns, den Druiden des TAO.

TAO ähnelt nur entfernt dem Kult des Taoismus. Der Taoismus ist heute eher eine mystische, mit dem Buddhismus vermengte Geister- und Ahnen-Religion. Die Natur ist dort, unter anderem, von übergeordneter Göttlichkeit.

Ich will hier nicht dazu aufrufen, dass jemand den Glauben an seinen „lieben" oder einen „strafenden" Gott oder an ganze Götterdynastien aufgibt.

Mein Bestreben ist einfach, aufzuzeigen wie sich uns, den Druiden des TAO, über die mehr oder minder regelmäßige Anwendung Spiritueller Rückführungen, eine ursprüngliche Göttlichkeit offenbart hat.

Uns ist dabei der Begriff und die Idee von TAO zugespielt worden. Um TAO erklären und erfassen zu können, müssen wir uns allerdings zumindest etwas von herkömmlichen Denkstrukturen lösen.

Es ist für mich, gleichfalls TAO, nicht einfach Worte zu fügen, wo menschliche Wortgebilde unzulänglich bleiben. Dennoch versuche ich nun die Idee von TAO nahe zu bringen.

So fahre ich einfach mal unzulänglich fort:

TAO ist das ursprünglich Göttliche, unser aller Ursprung. Er/Sie/Es ist TAO wie auch wir TAO, das Geistige, sind.

Wir, das Geistige TAO, sind die ursächliche Schöpferkraft für alle Dinge, für das Leben, für die zu Grunde liegenden Gesetzmäßigkeiten wie für die Geschehnisse in diesem Universum.

Aus dem Ursprung heraus hat das Göttliche TAO uns entsandt oder uns gehen lassen. Wir sind somit alle Kinder des Ursprungs, von TAO. Beim „Gehen" haben wir uns allerdings nicht wirklich räumlich entfernt. Nur diese gedankliche Vorstellung davon erhält seitdem die Illusion aufrecht. Wir sind also weiterhin in oder beim Gött-lichen TAO.

Allerdings haben wir es geschafft und es entsprechend geschaffen ein „eigenes" Umfeld zu kreieren.
Seitdem gibt es das „Große Spiel", mit dem bipolaren, physikalischen Universum als Spielfeld.

Unabhängig davon tragen wir in unserer gedanklichen Vorstellung, jeder für sich den „inneren Kosmos", ein selbst aufrecht erhaltenes Abbild des Universum.
Daraus resultieren unser aller Weltsicht und die Übereinstimmungen mit den anderen Kosmen anderer Geistiger Wesen. Nur deshalb können wir behaupten, ein gemeinsames Universum zu bevölkern.

Jedermanns innerer, geistiger Kosmos äußert sich im Denken, Sprechen und Handeln. Alle Erinnerungen und irgendwie gespeicherten Daten im Körper, im Energiefeld sowie im Verstand bilden den Kosmos des Denkens, damit den uns innewohnenden kosmischen Vorstellungsrahmen.
Alles was in diesem unmittelbaren oder auch weiter entfernten Einflussbereich geschieht, sich abspielt, unterliegt dem von uns selbst ausgehenden Gesetz von Ursache und Wirkung. Dieses Wirkungsfeld ist wesentlich größer, als wir es uns, mit dem menschlich geprägten Verstand, vorzustellen vermögen.

TAO ist die gemeinsame Richtschnur oder der „kleinste" gemeinsame Nenner, womit wir das „Große Spiel" am Laufen halten.

Über TAO im ich und TAO im Du sowie TAO im wir und darüber hinaus, also TAO im allumspannenden, alldurchdringenden Göttlichen, finden wir uns zusammen. Wie streben erst nach der Vollendung der kosmischen sowie anschließend der universalen Zusammenhänge.

Es gibt in Deinem eigenen Kosmos keinen Gott außer Dir!
Du bist TAO, der einzige für Dich gültige Gott.

Manche von uns haben ihre Göttlichkeit einer Gruppe von Lebewesen offenbart oder übermittelt.

Sie wurden damit deren Gottheit(en), in Übereinstimmung mit deren Welt und deren Anschauungen vom Leben. So entstanden ganze Dynastien von Göttern.

Deshalb erstreckt sich Deine Verantwortung auf alles was Du denkst, sagst und tust sowie zu dem was Du auch entsprechend unterlässt oder zulässt, dass es gedacht, gesagt oder getan wird.

Ebenso kann niemand, außer Dir selbst, Dich für Dein eigenes Lebenskonzept zur Verantwortung ziehen oder Dir Schuld zuweisen. Diese deine Schuldfähigkeit bezieht sich immer auf Dein eigenes Schuld-Bewusstsein.

Stimmt diese Art des Bewusstseins nicht mit dem anderer überein, bleibt Dein geistiger Kosmos frei von jeder Art und Weise von Schuld sowie von Schulden. Dies gilt nur für Dich! Nicht unbedingt zugleich auch für Deine Mitwesen.

So kannst nur Du Ordnung schaffen und für Ordnung sorgen, in Deinem Kosmos sowie in Deinem bewusst sowie nicht bewusst gelebten Umfeld.

Dennoch: Du kannst Dir Selbst nicht gerecht werden, wenn Du die Göttlichen Prinzipien des TAO aus den Augen verlierst.

TAO ist das Prinzip der höchsten Liebe, in Einheit mit

       höchster ethischer Vernunft
       höchster Verantwortung
       höchster Kreativität
       höchster Ästhetik

TAO steht somit für:

> Liebe
> Ethik / Vernunft
> Kreativität
> Ästhetik
> Wissen
> Ordnung
> Erschaffen
> Gemeinschaft
> Miteinander
> Respekt
> Toleranz
> Verständnis
> Verstehen
> Macht (Kraft, Stärke, Energie)
> Spielgeist

Wer sich davon allzu weit entfernt verliert, verliert, verliert, ... sowohl seinen Spielgeist, als auch seine Fähigkeiten und mehr.

Er verliert letztlich den selbst gestalteten und laufend gestaltbaren Sinn seines Lebens und damit das „Große Spiel", er verliert sein Selbst.

Der Verlust der Beseelung durch TAO, der Verbindung zum Göttlichen sowie zu sich Selbst, ist nicht etwa ein fiktives Böses sondern einfach zunehmende Leere.

Gut und Böse sind sowieso nur zwei Seiten einer Medaille, Betrachtungen mit denen wir das interessanter gemachte „Spiel des Lebens", einer Variation des „Großen Spiels", am Laufen halten.

Wer „Gut" und wer „Böse" ist entscheidest immer Du selbst, über die jeweilige Gruppierung der Du angehörst, als individualisiertes TAO-Wesen.

Das Feld des gemeinsamen Kosmos von Gruppierungen regelt die Betrachtungsinhalte.

Was in diesem Zusammenhang gerade „In" oder „Out" ist kann sich im Laufe der Zeit gravierend wandeln.

So war das Essen von Menschenfleisch bei früheren Kulturen, heute sagen wir: Primitiven, etwas völlig Normales.

Wir können uns dies, aus heutiger Sicht, gar nicht mehr vorstellen. Unser derzeit sittliches Empfinden und unsere Moral haben sich verändert und wandeln sich noch laufend.

Damit sind, im Nachzug zu den moralischen Grundsätzen, auch unsere Gesetze und Verordnungen ganz andere geworden.

TAO in der Transzendenz

Allgegenwart, Allmacht, Allvernunft, ... - dies wird Gott zugeschrieben und soll ihn verkörpern. TAO ist jedoch nicht einfach Gott.

Gott oder Allah oder Jaweh oder Manitou oder … , wie wir ihn aus Religionen heraus vermittelt bekommen, ist lediglich ein Aspekt von TAO.
So war TAO für Menschen leichter annehmbar, weil das Göttliche personalisiert wurde.

TAO ist:

>   ohne Raum
>   ohne Materie
>   ohne Energie
>   ohne Zeit
>   ohne Gestalt
>   ohne Identität

TAO ist kein Bestandteil dieses Universum aus Materie, Energie, Zeit und Raum.

TAO ist daher weder von Raum noch von Zeit abhängig. Er/Sie/Es TAO ist weder im Raum präsent, noch spielt Zeit für TAO eine Rolle.

TAO ist riesengroß und winzig klein zugleich.

TAO enthält jegliche Idee von Universen ohne jedoch deren Behälter zu sein.

TAO ist unendliches Wissen und Können.

Wobei Unendlichkeit für TAO sowieso nicht relevant ist, da dies ein Begriff aus einem endlichen Dasein ist.

TAO sind wir Selbst, als Geistige Wesen.

Wir sind sowohl in TAO, dem Göttlichen, als auch in der Verbindung mit TAO, unserem Ursprung.

Das bedeutet aber auch, dass wir in ständiger Verbindung mit all den anderen sind, die ebenfalls TAO sind.

TAO kann, aus unserer Sichtweise, als große, unbegrenzt große Gemeinschaft gelten, die wiederum die Ganzheit von TAO darstellt.

Diese Verbindung ist selbstverständlich nicht ausschließlich auf den Bereich der Lebewesen beschränkt.

Darüber hinaus sind wir, das Geistige TAO, ebenso wie das Göttliche TAO, mit allem und jedem in untrennbarer Verbindung, in einer ständig schwingenden Resonanz.

Ich habe mich TAO noch aus weiteren, unterschiedlichen Standpunkten heraus genähert.

TAO das Göttliche und wir, TAO das Geistige, sind eins.

Das "Ich bin" ist TAO, die Person selbst, das Geistige Wesen, zugleich gelebte Göttlichkeit im Hier und Jetzt.

Jeder von uns lebt sein Dasein, nur ein einziges Dasein, seit unglaublich langer Zeit, lediglich in wechselnden Körpern.

Der Sinn dieses ewigen Daseins besteht einfach darin das "Große Spiel" zu spielen, ihm einen möglichst hochwertigen, selbstbestimmten Sinn zu geben.

Über die Zeiten haben wir selbst, mit zunehmender Begeisterung, uns auf das "Rad des Lebens" geflochten. Seitdem erleben wir jeden Abschnitt von: Geburt, Leben, Sterben und Tod.

Genau diesen Sinn geben wir jedem Teilbereich des Lebens, im Erleben sowie im Überleben, bewusst oder nicht bewusst.

Dreieck des "Ich bin"

Es lässt uns erahnen wie sich TAO, zumindest das Geistige Wesen, mit dem Kosmos verbindet und dennoch ganz es selbst bleibt.

Alle Eckpunkte zusammen genommen ergeben in der Mitte das Entscheidende, die **Liebe**.

Ich liebe!

Ich liebe mich   **Ich liebe Dich**   **Ich liebe Euch**

Lebendiges
mit dem „Ich bin"

Liebe
die "Ich bin"

Leichtigkeit   **Licht**
des "Ich bin"   das „Ich bin"

Ausgehend von der **Leichtigkeit des „Ich Bin"**, des Seins, gelingt es uns, den Spielgeist zu behalten. Diesen Spielgeist haben wir vom Göttlichen TAO mit auf den Weg bekommen.

In Leichtigkeit, die uns einfach eher entspricht als ihr Gegenteil, die Wichtigkeit, mit Gewicht und Schwere im Schlepptau, ist ein Attribut von TAO.

Wenn es also heißt: „Nimm Dich doch nicht so wichtig!", dann ist damit die Aufforderung gemeint, derjenige soll sich aus der Schwere des Daseins ins eher Geistige erheben.

Die Person kann dann vielleicht anfangen wieder einmal zu schweben, wie es nur Geistige Wesen hinbekommen.

Nicht von ungefähr werden sowohl Gespenster im Schwebezustand dargestellt als auch Engelswesen mit Flügeln, die ihnen sicherlich die nötige Leichtigkeit beim Fliegen ermöglichen können.

Die gelebte Leichtigkeit erleben manche von uns in so genannten Flugträumen. Darin wissen wir unzweifelhaft wie es funktioniert und wie es sich anfühlt.

Wenn keine allzu harte (Not-)Landung mit hinein geträumt wird, empfinden wir deutliche Glücksgefühle für den ganzen darauf folgenden Tag.

Versucht doch einfach einmal derartigen Emotionen nachzuspüren, sie zu halten und damit Eure Tage selbst zu gestalten.

Lebendiges mit dem „Ich bin" bedeutet: Alles, was wir als Leben erfahren, hat seinen Ursprung im Geistigen oder vom Geistigen. Vitalität ist Lebendigkeit mit der das Erleben erst lebenswert wird.

Das Leben als Geistiges Wesen ist in diesem Zusammenhang kaum vom Leben als Lebewesen zu trennen.

Es handelt sich lediglich um eine Erweiterung der Skala der Emotionen, wenn wir uns in das dramatisch gepolte, das aufgeheizte oder das unterkühlte, Dasein von Lebewesen begeben.

Wir sollten uns nicht zu sehr darüber aufregen. Oder vielleicht gehört gerade die Aufregung auch dazu, wenn es uns als Lebewesen so schlecht ergeht wie es uns seit Urzeiten geht.

Wir haben es irgendwann einmal so gewollt. Schließlich mussten wir uns ja unbedingt in den Hexenkessel niederer Gefühle stürzen; von Wut über Schmerz abwärts bis in den Tod, weil uns der Überlebenskampf geradezu magisch anzog.

Seine Faszination wurde allerdings zur Belastung, als wir überwältigt wurden und dann bemerkten, dass der Kampf ums Überleben uns nicht mehr losließ.

Wir alle erlitten wieder und wieder unterschiedliche Verluste, die wir anfangs noch irgendwie ausgleichen konnten. Wie es Spielgeister eben so drauf hatten.

Als das Verlustempfinden jedoch in schwerwiegende Verantwortung für unsere häufiger geschädigten Körper umschlug, waren wir verloren.

Wir hatten das Spiel tatsächlich verloren! Nun denn, machen wir das Beste daraus!

Arrangieren wir uns auch mit der Lebendigkeit von Körpern und schenken ihnen die nötige Vitalität, die sie über den niederen Zustand von einfach „nur noch Überleben müssen" hinaushebt.

Gönnen wir doch sowohl den ausschließlich Körperlichen (die es so nicht gibt) als auch uns, TAO-Seelen, gleichermaßen das Erleben im Hexenkessel.

Kosten wir das Lebendige mit allen nur irgendwie möglichen Facetten aus und bleiben dennoch völlig bewusst TAO, das Geistige Wesen.

Dem **Licht des „Ich bin"** mehr Raum zu geben, war eine der ursprünglichsten Aktionen des Geistigen.

„Am Anfang war das Wort!" So heißt es zwar in der Schöpfungsgeschichte der Bibel.

Doch noch vor diesem gewaltigen Wort, anscheinend oder angeblich der ersten Schwingungsqualität im Universum, war sicherlich das Licht.

Jenes Licht vom Ursprung hat noch vieles mit dem Göttlichen TAO gemeinsam. Seine Klarheit ist erhaben und strahlend.

„Ich glaube, dass wir einen Funken jenes ewigen Lichts in uns tragen, das im Grunde des Seins leuchten muss und welches unsere schwachen Sinne nur von Ferne ahnen können. Diesen Funken in uns zur Flamme werden zu lassen und das Göttliche in uns zu verwirklichen, ist unsere höchste Pflicht."

Johann Wolfgang von Goethe

„Unsere Sache ist es, den Funken des Lichts festzuhalten, der aus dem Leben überall da hervorbricht, wo die Ewigkeit die Zeit berührt."

Johann Christoph Friedrich von Schiller

Mit dem Licht haben wir einen Wegweiser in dunkler Nacht.
Es vertreibt zudem die Dunkelheit, wenn es sich ausbreitet.
Wo immer wir helles Licht wahrnehmen, weicht das Dunkel.

Vampire, Dämonen, teuflische Mächte scheuen das Licht, wie uns die Mythen erzählen. Das Dunkle, womit viele eben auch das Böse meinen, wird von einem Lichtstrahl in seine Schranken gewiesen. Entsprechend dieser Anschauung wird ausgesagt: Wenn wir Licht in unser Herz lassen, können wir uns sicher und geborgen fühlen. Licht wird daher auch mit Wärme und Behaglichkeit und mit dem Wohlbefinden in einer sehr angenehmen Umgebung gleichgesetzt.

Weniger nett sind die so genannten Irrlichter. Diese können uns verleiten in falsche Richtungen zu gehen.
Fehlleitungen oder Verleitungen sind an der Tagesordnung, wenn wir nur an die Lichtwerbung denken.

Auch sollten wir auf Planet Erde vorsichtig mit dem Licht umgehen, das uns nach dem Verlassen des Körpers lockt.
Hier haben wir es nämlich mit dem Bestandteil eines Fallensystems zu tun; dem dürfen wir uns nicht anvertrauen. Blendendes Licht, im Sinne von sehr hell oder auch im Sinne von Verblendung, und allerlei Lichtwesen führen uns dabei in Versuchung.
Sobald wir in diese Licht-Fallen gehen werden wir verwirrt, alle unsere geistigen Einpflanzungen werden wieder einmal aufgefrischt und uns wird die Erinnerung an frühere Leben genommen.

Ich weiß, dass ich mit diesen Aussagen in heftige Widersprüche hineinlaufe. Doch aus meinen Erfahrungen mit vielen Spirituellen Rückführungen leite ich hier einfach die Verpflichtung ab darüber aufzuklären und Auswege aufzuzeigen.

Deshalb: Nach dem Verlassen des Körpers macht es keinen Sinn, als TAO-Seele, den Verlockungen der lieben Ahnen, den himmlischen Klängen und den Lichteffekten allzu leichtgläubig nachzugeben.

Versucht bitte zu widerstehen und lasst Euch erst einmal in einem Baum oder an einer Quelle oder dergleichen nieder.

Überdenkt Eure Situation als nun frei gewordener Geist und lasst Zeit, sehr viel Zeit verstreichen. Ihr habt alle Zeit der Welt, um Euch zu orientieren.

Dann erst vollzieht Eure Wiedergeburt so, wie Ihr es zur Bereinigung von Karma für richtig haltet und wo Ihr es Euch wünscht. Es muss auch nicht gleich ein menschliches Lebewesen Euer nächster Wirt sein.

Nichts desto weniger: Lasst Euch nicht das gute Gefühl verderben, das Ihr zu Lebzeiten mit dem Licht um Euch herum habt.
Dieses Licht ist kraft- und lebenspendend, ganz hervorragend dazu geeignet Eure Vitalität anzuregen.

Sowohl die Sonne als auch etliche künstliche Lichter regen das Wachstum von Körpern an, nicht nur von Pflanzen, und lassen die Entfaltung des Esprit zu, also des Intellekt in seiner Bewusstheit.

Liebe die „Ich bin". Dies zu Sein ist wahrhaft TAO. TAO das Göttliche sowie das Geistige sind im liebevollen Dasein hellig.

Liebe hat zwar viele Gesichter, doch die Liebe des Göttlichen ist die bei weitem höchste und erhabenste.

Damit soll die Liebesfähigkeit von Lebewesen nicht herabgesetzt werden. Im Gegenteil, deren Liebesakt zur Erhaltung der Art und der Rasse ist bereits ein Lebensborn für sich. Ihm gibt sich das Leben mit Freude hin.
Leider wird die Beziehung zwischen den Liebespartnern nur noch sehr selten als hochwertiges Ritual vollzogen.

Der Orgasmus gerät dabei immer öfter in Verruf und wir nur noch dem billigen, kurzweiligen Vergnügen geopfert.
Dabei handelt es sich hier um den spirituell energetischen Ruf zur Beseelung. Er ist ein Fanal in die Welt des Geistigen hinein, für die geistigen Wesenheiten, um darauf aufmerksam zu machen: Hier ist ein neuer Körper im Entstehen, den es zu begleiten gilt.

Die Liebe zu den Mitwesen äußert sich im Sozialverhalten von Menschen ebenso wie von Tieren.

Erst das Kümmern, um alle Mitglieder einer Lebensgemeinschaft, besonders der Schwächeren, bringt die Liebesfähigkeit zum Erblühen. Hierin können sich unter anderem Religions- und Glaubensgemeinschaften beweisen.

Doch auch alle Gruppen in einem Miteinander von Wesenheiten, in Familien, als Clans oder Sippen, in Vereinen, Betrieben und selbstverständlich in den Staaten, tragen Verantwortung beim Verbreiten von Gemeinschaftsgefühlen.

Der Liebe untereinander, miteinander und füreinander ist somit ein wesentlich höherer, nächsthöherer Stellenwert zuzumessen.
Die Liebe zum Göttlichen ist noch höher als das Liebesempfinden zur Natur des Universum.
Dies schließt ein, dass wir zu allem Energetischen sowie zu dessen Ausprägung in der Form von Materie, mit dem Mineralreich als Besonderheit, inklusive den immer dazu gehörenden Räumen, enge Beziehungen hegen und pflegen sollten.

Den Faktor Zeit hierbei mit einzubeziehen macht nur dann Sinn, wenn wir uns als ausschließlich körperliche Wesen anschauen. Im Geistigen sind wir über den Zeitablauf erhaben. Für uns Geistige Wesen ist die Zeit unerheblich. Denn sie ist sowieso nur die Betrachtung von Energie oder Materie mit deren Bewegung im Raum, ohne eigenständige Bedeutung.

Dennoch, lasst uns dem universalen Dasein, also dem „Großen Spiel" in seiner Gesamtheit, die Liebe entgegen bringen, die uns als Spielgeister gerecht wird. Liebt das „Große Spiel", in allen Variationen und Nuancen.
Erlebt die Liebe zu Euch selbst, als Lebewesen sowie als Selbst, das Geistige TAO-Wesen.

Lebewesen sowie Geistwesen geraten, im Reigen der Vielfalt von Möglichkeiten, immer wieder einmal aneinander. Sogar Du, als Körper inklusive Gehirn, bist oft genug mit Dir, als Verstand, im Klinsch.
Während Dein Überlebensinstinkt vom Körper aus Stress erzeugt (einen mehr oder wenige sinnvollen Ausstoß von Adrenalin), sagt Dein analytisch arbeitendes Denkvermögen des Verstandes:

„Es tut mir gar nicht gut, wenn ich zu schnell aus dem Häuschen bin." und das Geistwesen, Du Seele, meinst zudem, in der Übereinstimmung mit dem Verstand:

„In der Ruhe liegt die Kraft!"

Wenn der Verstand Euch, TAO, die Seele, wieder einmal majorisieren will, so bedenkt einfach, er will tatsächlich nur das Beste: Die absolute Vorherrschaft über den Körper!

Dies ist etwas, worauf er von Euch vor langer, langer Zeit einmal programmiert wurde, damit Ihr in Ruhe ein wenig Abstand vom Trubel des Lebens bekommt.

Also lasst ihm doch auch heute noch seinen berechtigten Willen. Zieht Euch ein wenig zurück, beobachtet den Ablauf von Geschehnissen, gebt Eurem Verstand, dem Erzeuger von Problemen sowie dem Problemlösungswerkzeug, freies Feld zum Arbeiten und Experimentieren.

Gönnt Euch den Blick aus der Ferne, auf das Werk dem Ihr selbst die Energie für das Lebensdasein eingehaucht habt.

Ihr seid die Seele, TAO, das Geistige Wesen. Ich kann es wohl nicht oft genug wiederholen. Ihr seid somit weder Euer körperlich angelegtes Gehirn noch der energetisch konstruierte Verstand.

Liebt Euch in allem, was Ihr für Euch selbst sowie für andere sein könnt. Euer Wert für das Erleben kann niemals hoch genug eingeschätzt werden, kann auch niemals getrennt werden von allen anderen Arten der Liebe.

Wenn und sobald oder solange Ihr Wesen im Geiste Euch bewusst seid, wird dieses „Große Spiel" nicht aus dem Ruder laufen, wird es Euer ureigenes Spiel sein.
Liebt daher das Spiel mit allen seinen Variationen (gut, schlecht oder egal) und Euch als Spielgeister.
Die Liebe zum Göttlichen bedarf eigentlich keiner weiteren Erklärung. Oder soll ich sagen: Die Verbundenheit mit dem Göttlichen TAO erklärt jegliche Art von Liebe!

Allein in Liebe mit jemandem verbunden zu sein, ist schon ein unglaubliches Erlebnis. Doch zu wissen, ohne jeden Zweifel die Wissensgewissheit zu haben, mit dem Göttlichen eins zu sein ist phänomenal.

Von mir sagen zu können: „Ich bin die Liebe! Die Liebe, die das Göttliche TAO ist.", fühlte sich für mich an wie der Windstoß, den ein lauer Sommerwind unter die Schwingen eines Engels haucht.

Ihr merkt, hier fange ich an poetisch zu werden. Das ist kein Wunder, denn ein Merkmal des Göttlichen sowie des Geistigen ist Ästhetik. Dazu zählt auch die Kunst und damit ebenso die Poesie.

Göttliche Liebe durchdringt jeglichen geistigen Kosmos sowie das physikalische Universum. Dies beruht darauf, dass wir alle, jeder für sich und alle miteinander, einen geistigen Kosmos konstruiert haben. Alle diese „Billiarden" Kosmen haben, in Übereinstimmung miteinander, das physikalische Universum geschaffen.

Unser gemeinsames Liebesempfinden bildet somit die große Liebe, die sich zum Göttlichen zusammenfindet.
Das soll allerdings nicht heißen, dass Liebe ein teilbares Gut ist. Sie ist wie und wobei immer nur Liebe. Ihr zuviel des menschlichen Gedankengutes auffrachten zu wollen ist unpassend. Denn, um dem Göttlichen TAO gerecht zu sein, ist wahre Größe im Denken wie im Handeln gefragt.

Lasst uns den See oder besser noch das Meer als Bild für umfassende TAO-Liebe betrachten. Aus dem Wasser des Meeres entspringt alles Leben. Aus diesem Meer hebt sich Wasser das zu Wolken wird und über dem Land abregnet. Damit spendet das Meer allen Wesenheiten die Lebendigkeit, im Zusammenspiel mit dem Licht.
Wir alle gemeinsam, die Kinder der Liebe, die Tropfen die dem Lebendigen zum Gedeihen verhelfen, überschütten alles mit unserer Liebe.
Wir begleiten das Leben mit unserem liebevollen Sein, lassen alles wachsen und erblühen, und streben schließlich wieder dem Meere zu.

Das Höhere Selbst

Die meisten Menschen leben in einem ständigen Zustand des Zweifels, zwischen richtig oder falsch, gut oder böse, Wahrheit oder Lüge.

Dieser Zustand wird herbeigeführt durch Erlebnisse der nahen und/oder einer fernen Vergangenheit. Die Verwirrung, die der Zweifel hervorbringt, wird in das gegenwärtige Leben herein getragen.

Im Verstand erfolgt ein ständiger Abgleich zwischen früheren Ereignissen und dem Geschehen der Gegenwart. Dabei werden Ähnlichkeiten gefunden, diese analysiert und für uns, als Erfahrungswerte, in Handlungen umgesetzt.

Leider funktioniert dieses System nicht immer völlig fehlerfrei. Dadurch kommt die weit verbreitete Aussage zustande: "Irren ist menschlich."

Menschliches Fehlverhalten oder besser gesagt: So genanntes menschliches Fehlverhalten führt nun dazu, dass im Leben immer wieder mal unkalkulierbare Risiken auftauchen, die planvolles Vorgehen zu Zufallsprodukten werden lassen. Dennoch ist es in vielerlei Situationen einfach notwendig, dass Entscheidungen getroffen werden müssen.

Vor allem Manager und Selbständige stehen oft vor der Qual der Wahl. Von den möglicherweise lebenswichtigen Entscheidungen hängt auch das Schicksal ihrer Mitarbeiter ab. Jetzt ist guter Rat teuer!

Hier haben emotional geprägte Entscheidungen, aus dem Bauch heraus oder aus dem Kaffeesatz gelesen, nichts verloren.

Selbst alle rationalen Überlegungen führen sonst zurück auf einen strategisch und planvoll geführten (Irr)Weg, auf dem sich trotzdem die berühmt-berüchtigte "Katze in den Schwanz beißt".

Was tun? Ach gäbe es jetzt doch ein höheres Wesen, das hier eingreifen könnte! Keine Sorge, das gibt es! Ich spreche hierbei noch nicht einmal von Gott oder vom Göttlichen. Für den Ablauf im Leben hat der Mensch gefälligst erst einmal selbst Verantwortung zu übernehmen.

Genau dafür gibt es aber das Höhere Selbst! Denn jeder Mensch hat Zugang zu diesem seinem Höheren Selbst. Hier ist nämlich das „Ich bin", die TAO-Seele, im Spiel. Während der menschliche Verstand zu irren vermag, die Seele, das "Ich bin" und das unmittelbare Du, kann es nicht.

Wie oft sind Menschen schon aus Situationen gerettet worden, aus denen der Verstand keinen Ausweg mehr wusste.
In Notsituationen kommt dann zum Tragen, was auch als "Schutzengelfunktion" bekannt ist. Dieser "Schutzengel" ist nichts anderes als das, was zu sich selbst "Ich bin" zu sagen vermag, die Seele oder eben das Höhere Selbst das jeder von uns ist (Nicht hat!).

Das ähnliche Phänomen finden wir auch, wenn Leute von Er- lebnissen nach dem Tode berichten oder, wenn Spirituelle Rück- führungen ablaufen, ohne Hypnose und ohne Drogeneinfluss, also bei vollem Bewusstsein.

Der Verstand, den viele auch als Geist bezeichnen (hierbei herrscht einiges an Begriffsverwirrung), unterliegt ziemlich oft dem Irrtum und der Fehlfunktion, wie bei einer überlasteten "Re- chenmaschine".
Diese Überlastung kann sowohl von der Hardware herrühren, dem Körper mit seinem Gehirn, als auch von der Software, dem manchmal unzureichend mit Daten gefütterten Programm, das lei- der zudem einige Viren beheimatet.

Lediglich das Höhere Selbst, als eindeutiges Abbild des Gött- lichen, kann keine Fehler machen und hat keine Wahrnehmungs- defizite. Es weiß so gut wie alles, wenn nicht tatsächlich alles.
Doch es zieht sich offenbar manchmal zurück und überlässt dann dem „freien Willen" des Menschlichen das Feld, angeführt vom Verstand, der wiederum das Gehirn und die Nerven nutzt.
Das Vertrauen des Höheren Selbst, diesen Werkzeugen gegen- über, ist ziemlich groß, manches Mal anscheinend zu groß.
Wir, TAO-Seele, sollten uns jedoch nicht scheuen, es ist unser gutes Recht den Verstand zu übertrumpfen, dadurch ein Stück mehr Bewusstheit zu erlangen, um damit wieder wir Selbst zu sein.

Wenn sich das Höhere Selbst zu weit zurücklehnt, es dennoch bewusst zulässt durch die uralte, vorprogrammierte Überheblichkeit des menschlichen Geistes (Verstand) zur Tatenlosigkeit gebracht zu werden, verliert es im Lauf der Zeit zunehmend seine Kontrolle im Spielgeschehen.

Dieser Geist im Menschlichen schiebt sich dann, durch automatisch wirkende Mechanismen und durch gewohnheitsmäßiges Denken, vor das Höhere Selbst. Der Verstand, das ursprünglich hauptsächlich als ein Problemlösungswerkzeug gedachte Instrument, meint einfach: "Lass nur, ich mach das schon!"

Nun wir wissen alle, dass sich der menschliche Verstand allzu oft überschätzt und sich in mehr Problemen verstrickt hat, als er Lösungen dazu liefern kann.

Die Natur könnte ein grausiges Lied davon singen: Denn überall dort wo der Mensch „regulierend" eingreift, entsteht über kurz oder lang Chaos.

Durch die absichtliche Zerstörung der Göttlichen Ordnung folgt der Untergang des natürlich geregelten Miteinanders.

Wir sollten uns selbst, also als TAO, dem Höheren Selbst, wieder viel mehr und öfter Gelegenheit geben mitzuwirken.

Geradezu herausfordern, mit Macht aufwecken, einfach immer wiederholt um Rat und Hilfe bitten, sollten wir den dahindösenden "Schläfer", der wir wirklich selbst sind.

Fordere von Dir selbst wieder mehr Verantwortung für das Leben!

Die Lösung lautet: Beschäftige Dich mit allem, was Göttliches Sein, Seele und Beseeltheit bedeutet. Beschäftige Dich mit den Fragen des Seins und dem Sinn des Lebens. Hole Dir dann selbst die Antworten oder lasse sie Dir geben. Diese bringen Dich mit dem Göttlichen TAO in Verbindung.

Denn je mehr sich Menschwesen mit dem Göttlichen TAO beschäftigen, desto mehr Aufmerksamkeit widmet auch das Höhere Selbst seinem Geschöpf. Umso interessanter wird dieses „Backwerk" aus Körper und Verstand.

Aus diesem Grunde versuchen wir uns hier abermals TAO zu nähern, sowohl dem Göttlichen als auch dem Geistigen.

Das Göttliche TAO

TAO ist das Göttliche sowie das Geistige! Das Geistige TAO sind wir, jeder für sich und alle miteinander.

Das Göttliche TAO ist der Ursprung jeglicher Schöpfung, der Kosmen im Großen wie im Kleinen, ist das Universum und die Natur, ist alles Leben in uns und um uns herum – sowohl in diesem Universum als auch in ungezählt vielen anderen.

Was also ist Gott? Ist es nicht blasphemisch vermessen diese Frage überhaupt zu stellen? Können wir uns anmaßen darauf eine Antwort zu geben?

Nun, als TAO, einem Abbild Gottes oder als Göttlicher Funke, will ich es hier und jetzt nochmals versuchen:

Für mich ist Gott weder ein Er noch Sie noch Es. Worte und Begriffe sowie deren Definitionen sind viel zu menschlich, als dass sie Gott gerecht werden könnten. Warum soll ich Gott als ein und alles sehen?

Ein Mono-Gott ist aus meiner Sicht reichlich einsam. Gestehen wir Gott doch zu, dass eine Familie und weitere Helfer an seiner Seite stehen. Schon wieder zu menschlich!?

Wer braucht zudem einen rächenden oder strafenden Gott? Es ist doch schon Strafe genug, hier auf Planet Erde gefangen zu sein. Schließlich wirken hier auch noch ganz andere mit, uns das Leben möglichst zu erschweren: Halbgötter, etwa in weißen Kitteln oder solche in schwarzen Roben.

Gott ist ganz sicher weder ein Mediziner, der versucht Gevatter Tod zu besiegen, noch ein Gesetzgeber, Gesetzeshüter oder Moralprediger, die unsicher mit Ethik und Moral jonglieren. Gott hat es sicher auch nicht nötig uns zu kriminalisieren.

Wenn wir jemals harte "Gottesstrafen" erfahren haben sollten, dann waren dies entweder ganz normale, also eben natürliche, oder hausgemacht verursachte Katastrophen, weitgehend durch menschliches Zutun.

Hat der Gott tatsächlich aus Neid, Missgunst und Eifersucht gesagt: "Du sollst keine fremden Götter neben mir haben!"?

Fürchtet Er/Sie/Es die anderen? Fürchtet Er/Sie/Es um seine Macht? Welche Art von Macht? Wem gegenüber? Zur Machtausübung über die armen Menschlein? Doch wohl kaum! Oder? Gott, der/die/das Allmächtige hat doch so etwas gar nicht nötig!

Menschliches, allzu Menschliches oder letztlich doch wieder die Höhe von TAO? Je mehr wir uns Gott annähern, umso weniger aussagekräftig werden die Worte, die wir gebrauchen, um Gott wahrzunehmen, mit all seinen/ihren Facetten.

TAO ist letztendlich erst einmal pure Selbsterkenntnis in Gott, also in uns Selbst sowie um uns und durch uns Selbst.

Gott-Erkenntnis hat viele Gesichter. Wohlgemerkt nicht Gott hat viele Gesichter, sondern das Erkennen seines Seins.

Aus einer rein persönlichen Sichtweise, entstanden aus den Erkenntnissen, die mir während der vielen Spirituellen Rückführungen der vergangenen Jahrzehnte zugetragen wurden, formuliere Ich hier die religiöse (im Sinne von genau und gewissenhaft), spirituelle Anschauung des Göttlichen TAO.

Wer es mag kann darin die Grundlage für eine kosmisch geprägte Religiosität finden. Allerdings soll keiner einzigen irdischen Betrachtungsweise von Religion dadurch der Rang abgelaufen werden.
Denn überall finden wir ein ähnliches Wurzelwerk und hintergründiges Wissen, womit auch ich wieder übereinstimmen kann.

So ist es durchaus legitim Gott auch menschlich zu gestalten. Denn durch diese und ähnliche Abbildungen gewinnt er/sie/es für uns Menschen an Nähe.
Schließlich ist niemandem mit einem entrückten, weit abseits zu findenden Gott gedient. So spricht er doch zumindest ab und an, über seine Propheten, mit den Menschen. Wie zumindest berichtet wird oder es geschrieben steht.

Deshalb meine Bitte: Finde Gott einfach bei Dir, finde Dein Göttliches, finde Dein TAO. Näher als Du selbst kann Dir kein Gott sein.

Mir behagt einfach die Verbindung von Angst und Schrecken mit der Darstellung Gottes überhaupt nicht. Das Göttliche TAO ist garantiert über solche niederen Vorstellungswelten erhaben.

Die Vermenschlichung Gottes hat seine Grenzen dort, wo man ihm/ihr/es fast nur noch menschliche Züge zuordnet.

Diese Art Götter müssen wir oder sie müssen sich selbst dann mit den magisch, mystischen (oder technischen) Fähigkeiten wieder etwas aufwerten.

Die unterschiedlichen und doch sehr ähnlichen Götterfamilien der frühen Neuzeit (keltische, germanische, griechische, indische und alle anderen auf Planet Erde) sind Beispiele hierfür.

Das Göttliche TAO schließt selbstverständlich auch solche „Gottheiten" mit ein, männliche sowie weibliche. Auch diese sind Aspekte von TAO.

Selbst Satan oder der Teufel mit allen dämonischen Heerscharen ist Göttliches TAO. Diese angeblichen Gegenspieler Gottes sind ebenfalls nichts anderes als Aspekte der geistigen Schöpfung, zur Gestaltung des "Großen Spiels".

Hierbei finden wir nur eine weitere Ausprägung des dual angelegten universalen Spielgeschehens. Gut und Böse bedingen einander. Ohne diese Gegensätze gäbe es kein Spiel, kein Gegenspiel, keine dynamische Lebendigkeit im spielerischen Mit- oder Gegeneinander.

In dieser Art und Weise der Anschauung ist Gott das absolut Gute, hingegen Satan das Böse an sich. Diese Betrachtung wird lediglich von uns Menschen so geprägt.

Das Göttliche TAO umspannt nämlich all diese Aspekte und Betrachtungsweisen. Er/Sie/Es, TAO, ist nun einmal kein Bestandteil des Universum, unterliegt also auch nicht der Dualität.

Gott, als das Göttliche TAO, hat oder ist weder Zeitrechnung noch die Größe von Raum, nicht einmal Unendlichkeit anstelle von Endlichkeit.

TAO "befindet" sich im Sein, "zugleich" außerhalb wie innerhalb des universalen Spielgeschehens.

TAO ist sowohl ein übergeordneter Spieler als auch einer, beziehungsweise alle der vielen Mit- und Gegenspieler im Reigen der sowohl kosmischen als auch der universalen Geschehnisse.

TAO ist sogar die gesamte Energetik und das gesamte energetische "Material" aus dem das Spielfeld gestaltet wurde und noch immer wird.

Dadurch, dass TAO der zeit- und raumlosen, geistigen Dimension (schon wieder falsche Begrifflichkeiten) zugerechnet werden kann, unterliegt es auch keiner zeitlichen oder räumlichen Begrenzung und Beschränktheit.

Der Göttliche Ursprung, der irgendwie ursprüngliche Beginn, die Erschaffung des Universum, ist unmittelbare Gegenwart und dauert einfach immerfort an.
In diesem zeitlosen Zustand sind auch wir, als Geistige TAO Wesen, in der Lage erschaffend zu wirken. Gott ist hierbei gegenwärtig gewordene Vergangenheit und Zukunft zugleich.

Unsere postulierten Willensakte oder unsere Wünsche müssen daher immer in der Gegenwartsform erdacht sein.

TAO bietet sowohl den Raum für die Ansammlung von freier Energie als auch die in Form gebrachte Energie, die Materie. Räumlich betrachtet "durchdringt" das Göttliche TAO auch jegliche Materie als Schwingungsqualität.
Alles entspringt der reinen und klaren Ursprungsenergetik, um Energie sowie Materie werden zu lassen und sein zu lassen.
Die Schwingungsqualität, die der Materie innewohnt, deren latente Kraft, ist von TAO so angelegt.
Den Wandel von Entstehen und Vergehen, einem ständigen Vorgang im Kosmos, finden wir auch in dem Zustand den wir Leben nennen.

Hier heißt der erweiterte Zyklus:

Geburt > Wachstum > Sterben > Tod

Die Betrachtungen zur Wiedergeburt sind danach kein Ablauf in den materielle Bestandteile einbezogen sind. Wiedergeburt ist lediglich das Wiedererwachen der energetischen sowie der geistigen Komponenten.

Gott beziehungsweise das Göttliche begleitet diese Entwicklung durch Raum und Zeit. Er/Sie/Es ist darin zwar vielfältig verstrickt, doch Er/Sie/Es erleidet keine gefühlten Verluste.
Die Gefühle von Verlust und die Angst vor drohendem Verlust sowie die Gefühle Gram, Trauer und Schmerz empfinden nur wir, als vom Menschlichen an- oder eingebundenen TAO, im unmittelbaren Spielgeschehen.

Wir "liefern" alle diese Wahrnehmungen gewissermaßen an eine "höhere Ebene" weiter. Dort bleiben sie dann als Informationen oder als Daten gespeichert.
Gott, das Göttliche TAO, koordiniert uns über das Geistige TAO in dem geistig kosmischen sowie in dem physikalisch universalen Dasein.
Er/Sie/Es bietet aber ebenso zugleich die Möglichkeit des hochwertig „freien Willens" für weitgehend eigenständige Aktionen und wechselseitige Interaktionen - auch mit Ihm/Ihr/Es.

Die berechtigte Frage: „Können wir denn in diesem Göttlichen Miteinander völlig eigenständig sein?", muss ich mit einem klaren: „NEIN!", beantworten.
„Wir sind immer eingebettet in die umfassende Anwesenheit des Göttlichen sowie in alle dynamisch ablaufenden Prozesse."

Dies beginnt ursächlich bei den eigenen Betrachtungen mit denen wir uns selbst gefangen halten.

Sodann können wir beobachten: Es wurden und werden uns familiäre, kulturelle und rassische Betrachtungsweisen übergestülpt.
Die dann aus uns selbst heraus wirksamen und aufrecht erhaltenen Denk- und Handlungsmuster, führen zu entsprechenden Prägungen und Zwängen.
Sie wurden zwar von außen an uns herangetragen, aber schließlich haben wir genau mit denen übereingestimmt.

Es sind Familienbande sowie das sozio-kulturelle Umfeld und die Zugehörigkeit zu Gemeinschaften sowie zu einer Rasse die das Leben beschränkt und Grenzen auferlegt. Sich aus all dem befreien zu wollen kann ganz schön schmerzen.

Ein Gottesbild, egal welcher Art, kann nun entweder als zusätzlicher Verstärker für all die Beschränkungen benutzt werden oder als befreiendes Element wirken.

Dies hängt ausschließlich vom eigenen Denken und dem Handeln des Einzelnen beziehungsweise des mittlerweile Vereinzelten ab.

Hier öffnet sich der Weg in die Freiheit der Willenskraft – ganz einfach hinaus zu treten in eine von der Vielzahl der einengenden Betrachtungen freie "Welt der tausend Möglichkeiten".

Der wahre Gott ist selbstverständlich völlig frei und lässt uns ebenfalls frei sein, von all diesen Denkschematas. Ihm zuzustreben, die Verbindung zu finden, von TAO zu TAO, ist der kürzeste Weg in die Freiheit.

Das Ziel besteht darin, in vollkommene Übereinstimmung mit dem Göttlichen TAO zu kommen. Ohne Wenn und Aber, ohne Bewertung und Abwertung, ohne jegliche Kritik, im Göttlichen zu verschmelzen.

Wobei, wie wir wissen, der uns nächste Gott nichts anderes ist als unser eigenes "Höheres bis Höchstes Selbst" - TAO über TAO.

Das Göttliche TAO, unser aller Ursprung, ist reine Liebe, reines Licht und reine Energetik. Nicht Liebe, Licht und Energie wie Menschen dies kennen, sondern in seiner reinsten ursprünglichen Art und Weise.

Jegliche Art von Energie mit der wir derzeit umgehen ist in irgendeiner Weise „unrein". Die Ursubstanz des Geistigen finden wir dennoch in allem und jedem, das wir sind und das uns umgibt.

Würden wir uns auf diesen unseren Ursprung ohne jeden Zweifel besinnen, ihm angehören, hätten wir auch die ursächliche Schöpferkraft wieder.

Wir könnten auf all diesen zivilisatorischen, technischen Schnickschnack einfach verzichten. Sogar Essen und Trinken wären überflüssig, weil unsere Körper dann einen feinstofflichen Zustand annehmen würden.

Stelle Dir von Dir selbst vor:

"Ich bin Gott in reiner Liebe.
Ich bin Gott in reinem Licht.
Ich bin Gott in reiner Energetik."

Stelle Dir dies immer und immer wieder vor, halte Dich beständig in diesem Zustand, bei jeder Gelegenheit in Deinem Leben.

Es wird sich nicht nur Dein Leben entscheidend verändern sondern auch Dein Erleben und Deine Wahrnehmung zu Deiner Umgebung.

Wir können uns auf diese einfache Art und Weise aus den niederen Bedürfnissen zum Überleben geradezu hinaus katapultieren.

Wir, das TAO das wir sind, gelangen damit in einen transzendierten, erhöhten geistigen TAO-Zustand, bis hin zum Göttlichen TAO.

Was sind denn die wehrhaften, sich tatsächlich gegen eine Verbesserung immer wieder wehrenden, Barrieren und Blockaden in unserem Leben?

Sie bestehen aus dem fortgesetzten Protest mit andauernder Kritikhaltung, aus Unzufriedenheit und Zweifeln, Ängsten vor Verlusten, Trauer und Schmerz, aus Groll, Hass, Wut, Neid und Missgunst gegen die Göttlichen Empfindungen von Liebe, Licht und Energie.

Wehrhaft sind solche Barrieren und Blockaden nur deshalb, weil wir die darin enthaltenen Denkweisen und Gefühle ständig selbst aufrecht erhalten müssen, um nicht vom Göttlichen, das wir selbst sind, einfach überrannt zu werden.

Es könnte ja, für gewisse negativ wirkende Mächte, die Gefahr bestehen, dass wir wieder erkennen, wer oder was wir wirklich sind.

Damit wäre sogar unser Wahlpartner, der hilfreiche Körper inklusive dem Gehirn mit seinem Nervensystem, der gemeinhin als Lebensform bezeichnet wird, nicht einverstanden.

Dieses Körpersystem wird ständig unterschwellig beeinflusst. Ihm wird unter anderem per Informationstechnik der Kampf gegen die Beseelung eingepflanzt.

Dann versucht diese lebendige Art erst einmal unseren Verstand zu überzeugen, dass wir unbedingt getrennt bleiben müssen, um angeblich eine Katastrophe, wie Krankheit oder Tod, zu verhindern.

Aus Verantwortungsgefühl oder dergleichen schließen wir uns dieser Auffassung an, sowohl erst als unser analytisch denkender Verstand als auch dann als TAO-Wesen. Zumal wir miteinander vor langer Zeit einmal selbst beschlossen haben, uns dem Dasein von Lebewesen zuzuordnen.

In diesem Miteinander wollten wir erfahren und empfinden, uns all den heftigen Gefühlen hingeben, die wir als Geistige Wesen so nicht wahrnehmen konnten. Dadurch sind wir jetzt unter anderem im Menschsein gefangen oder ebenfalls im Dasein von anderen lebendigen Wesen.

Wir halten uns selbst darin fest, krallen uns regelrecht in das Leben. Offenbar hat sich nämlich dieses Lebewesen auch einen Geistpartner gesucht. In uns hat es ihn gefunden.

Das Lebendige liefert uns jetzt Glaubenssätze mit mehr oder weniger plausiblem Inhalt. Diese ergeben sich aus den so genannten Erfahrungen, die das Leben macht.

Erst durch das Hinterfragen, per analytisch denkendem Verstand oder intuitiv als Geistiges Wesen, stellt sich bald schon heraus, wie schräg und widersinnig solche Glaubenssätze oftmals sind.

Manchmal sind sie einfach nur total überholt. Sie haben sich zum Beispiel in der Kindheit gebildet und wirken noch im Erwachsenenleben obwohl sie hier völlig unangebracht sind. Doch ihr energetisch geprägtes Überlebenspotenzial ist noch unglaublich stark aufgeladen.

Erst das Entladen, beispielsweise durch Nichtbeachtung (ist wenig sinnvoll) oder durch Konfrontation und Umprogammierung (schon besser), wie mit Spirituellen Rückführungen, löst diese Glaubenssätze auf.

Wir finden: Der Kern eines jeden Menschen ist gut! Das zeigt sich hauptsächlich in Notsituationen, wenn die TAO-Seele, also das „Höhere Selbst, sich machtvoll Bahn bricht, um zu helfen.

Solche Gemeinschaftsgefühle entsprechen dem Göttlichen eher, als sich selbst überhöhender Individualismus.
Allerdings ist gerade das Individuum, das wir als TAO sind, in der Lage sich aus dem verrückten Umfeld zu befreien, in dem wir alle uns hier auf Planet Erde befinden. Nur TAO ist stark genug Veränderungen zu verursachen und Göttliche Denkweisen in die Gesellschaft hinaus zu tragen.

Gott, das Geistige sowie das Göttliche TAO, tritt über das Denken, Sprechen und Handeln von Menschen in Erscheinung.
Ich, TAO, stelle fest, für mich felsenfest, weder Poly-Gottheiten noch eine Mono-Gottheit entsprechen der Wahrheit des Göttlichen.

Das Dasein des Göttlichen TAO übersteigt unser aller Vorstellungsvermögen, besonders, wenn wir uns ihm allzu menschlich nähern.
Und dennoch: Der Gott, der auch Du bist, hat vollständige Wahrnehmung zum Göttlichen. So gibt es keinen Gott außer Gott, kein TAO außer TAO. Vom Anbeginn der Zeit (Fehldenken: Noch von davor!) haben wir uns erhalten, was sich in allen religiösen Anschauungen niederschlägt.

Dies sind die Ideen von:

> unabdingbarer Liebe und Glückseligkeit

> liebevoller Gemeinschaft, Hilfsbereitschaft und Gastfreundschaft

> der Bewunderung als Sinn für Schönheit, Ordnung und Ästhetik

> ethischem Empfinden, zur Wahrung der Göttlichkeit,
im Miteinander wie für sich selbst

> der Heiligung, als vollkommene Heilwerdung (körperlich,
geistig, seelisch und sozial)

> der Schaffung und Erschaffung im Kleinen wie im Großen

> der Verbundenheit zur Geistigen Welt, zu Geistigen Wesen
und schließlich zum Göttlichen.

Alle diese Vorstellungen resultieren aus unserem ursprünglichen Dasein, dem Göttlichen TAO, das wir einst waren und noch
heute sind. Denn wir sind TAO, wir sind die Seele, der Göttliche
Funke, Ebenbild des Göttlichen.

Als das Geistige Wesen tragen wir die volle Verantwortung. Wir
haben mit der Erschaffung des „Großen Spiels" Verantwortung
übernommen, sowohl für unser eigenes Leben und Erleben als
auch für das der anderen.
Menschen, Tiere, die Natur und das gesamte Universum sind in
unserer Obhut, stehen unter unserem Schutz.
Wir sind selbstverständlich auch und besonders verantwortlich
für den eigenen Körper, den eigenen Geist oder Verstand, unser
umfassendes Wohlergehen.

Unsere obersten Maximen (Leitsprüche) eines selbst auferleg-
ten Codex sind:

> Der liebevolle Schutz der Würde des Lebendigen und der
Existenz aller in TAO geführten Wesenheiten und Seinszustände.
Dazu zählen alle irgendwie gearteten Lebenseinheiten in unserem Universum (energetische, mineralische, pflanzliche, tierische,
menschliche und andere).

> Wir verpflichten uns zu Ästhetik, Ordnung und Hygiene. Zu-
erst in Bezug auf den eigenen Körper, dann auf Kleidung und
Hausrat, darüber hinaus auf die jeweils unmittelbare Wohn- und
Lebensumgebung sowie schließlich auf alle Stationen auf unseren
Wegen.

> Diese hohen Prinzipien von Ästhetik, Ordnung und Hygiene vermitteln wir wie selbstverständlich ebenso unseren Kindern, den Ehepartnern, Lebensgefährten, Freunden, Bekannten und den uns begleitenden Tieren.

Wir wissen: **Alle Wesenheiten unterstehen unserem Schutz.**

> Wir übernehmen damit auch eine enorm weit gefasste Verantwortung für den sparsamen, ordnungsgemäßen und sinnvollen Umgang mit dem Nutzen, dem diese dienen können (ob als Energieträger, Baumaterial, Kleidung, Nahrung oder ähnlichem).

> Deshalb üben wir Respekt, Verständnis und Verstehen gegenüber allem und jedem. Unser allem dienendes Wohlwollen sollte niemals nachlassen, auch wenn wir einmal meinen sollten, durch unsere Mitwesen ungerecht behandelt oder gar verletzt worden zu sein.

Die oberste Prämisse (Voraussetzung) sei, bei all unserem Denken, Sprechen und Handeln:

Fortwährende, unabdingbare Liebe.

Denn ausschließlich die tief empfundene Liebe, in ihrer reinsten Form, entspricht unserem Göttlichen Sein.

Wir achten sowohl die kosmische Ordnung als auch den Wandel, sogar in einem Chaos; denn daraus gestaltet TAO, gestalten wir, immerwährend Neues.

Materie, Energie, Zeit und Raum, in egal welcher Ausprägung sind für uns und mit uns zusammen. Denn wir waren einmal und sind noch heute die Erschaffer und die Gestalter des „Großen Spiels".

In diesem Sinne: Lasst uns mit Freuden spielen, lasst uns, jeder für sich oder im Miteinander, dem Spielgeschehen einen hochwertigen TAO-Sinn geben.

Als die TAO-Seele, die wir sind (niemals haben!), sollten wir bestrebt sein, uns gegenseitig zu helfen. Denn nur im Miteinander erlangen wir die Meisterschaft im "Großen Spiel".

TAO, der Göttliche Ursprung, erwartet uns!

Wiedergeburt in TAO

Nachdem wir alle wiedergeboren werden, brauchen wir sowohl die neuerliche Erkenntnis als auch die geistige Führung, um wieder vollständig sein zu konnen, im Selbstbewusstsein leben zu dürfen, TAO, das Geistige Wesen, zu sein.

Als religiös spirituelle Maßnahmen dienen hierzu die Spirituellen Rückführungen. Im Verstand der Leute wird damit aufgeräumt. Nicht nur Psychische sondern auch psychosomatische Erscheinungen werden von den Rat- und Hilfesuchenden energetisch entladen und verschwinden mit der Zeit wie von selbst.

Es erfolgt Heilung und Heiligung, bei zunehmendem Kontakt mit dem eigenen Selbst.

Die Selbst-Erfahrung, die Selbst-Erkenntnis und die Selbst-Findung im Geistigen sowie im Göttlichen TAO sind die Ziele.

Frieden, oder zumindest Zufriedenheit, Wohlstand, Wohlbefinden und Harmonie, in Ethik und Ästhetik, sind die obersten Prinzipien von TAO.

Aus persönlicher Anschauung heraus und aus den Erkenntnissen als Druide des TAO, die mir im Laufe der vielen Spirituellen Rückführungen der vergangenen Jahrzehnte zugetragen wurden, formuliere ich sowohl im Vorangegangenen als auch im Folgenden die spirituellen Sichtweisen von TAO.

Wer möchte, kann darin die Grundlage für eine kosmisch geprägte Spiritualität finden. Allerdings soll keiner einzigen Betrachtungsweise von Religions- und Glaubensgemeinschaften dieses Planeten damit der Rang abgelaufen werden.

TAO ist nämlich keine Religionsgemeinschaft im herkömmlichen Sinne. TAO ist nur der Versuch einer geistigen Schau, um enge Grenzen irdischer Dogmen zu sprengen, um Blickwinkel zu eröffnen.

Eine "Welt der tausend Möglichkeiten" bietet sicherlich mehr lebendiges Dasein als irgendeine ausgetretene Spur von Vorläufern, der möglichst viele Anhänger von organisierten Religionen meinen, stur folgen zu müssen.

Allerdings: Das Gehen abseits der altbekannten Pfade birgt auch Risiken und Unwägbarkeiten, vielleicht sogar neue Gefahren. Dessen sollten wir uns immer bewusst sein.

Doch genau dieses bewusste Sein ist die ideale Wahrnehmung für das Hier und Jetzt.

Deshalb:

Scheut kein Risiko!

Das einzige was ihr verlieren könnt ist ein Lebensdasein in Bequemlichkeit und Sicherheit, ein Leben ohne Höhen und Tiefen. Ist das wirklich Leben?

Durch das Erleben kosmischer Größe und Verbundenheit, fällt es uns von Mal zu Mal leichter dem irdischen Dasein den Stachel zu nehmen.

In Zufriedenheit, Freude, Wohlergehen und Wohlstand begeben wir uns auf den Weg zum Glücklichsein, zur Glückseligkeit, zu einem Glücksgefühl das wir in jedem Augenblick wahrnehmen können, im Hier und Jetzt.

Wie bereits erwähnt, wenn ich von kosmisch geprägter Spiritualität spreche, so meine ich den tatsächlichen Urgrund aller Religionen, der ganz sicher nicht von dieser Erde ist. So wie auch wir, keiner von uns, ursprünglich irdisch sind. Einige sind nur schon etwas länger hier und fühlen sich dadurch heimischer.

Wir alle sind Reisende durch Zeit und Raum, mit jeweils kürzeren oder längeren Aufenthalten in unterschiedlichen Körpern. Auf den vielen, vielen Welten, die wir auf unserer Reise bereits kennengelernt haben, gab es mindestens ebenso viele Religionsformen.

Doch alle hatten sie einige wenige, ursprüngliche Gemeinsamkeiten. Alle diese Religionen können auf einige wenige Urformen zurückgeführt werden.

Die wohl wichtigste Urform davon ist: Das Zusammenfinden in erlebbarem Miteinander, in der Gemeinsamkeit von Übereinstimmung mit einer weitreichend gültigen Ausrichtung.

Nochmals, auch zum Verständnis für jene die glauben immer dagegen sein zu müssen:
TAO ist zwar religiös, hat aber keine herkömmliche Religionsform. Es hat keine Hierarchie, kein Oberhaupt, keinen übergeordneten Vater oder Sohn oder eine Muttergöttin. Alle „Gottheiten" sind uns gleichgeordnet.

Wir sind ohne Raum und ohne Zeit, aus uns selbst, dem Geistigen TAO, heraus, mit dem Göttlichen Ursprung, dem Göttlichen TAO, dauerhaft verbunden.
TAO ist der Freund aller Religionen, in ihren aus dem Lateinischen stammenden Bedeutungen: Sowohl „religio" die gewissenhafte Berücksichtigung oder Sorgfalt als auch „relegere" für achtgeben oder bedenken.
Ursprünglich soll wohl damit der eher moralische Grundsatz gemeint sein: „Die gewissenhafte Sorgfalt durch Menschen, in der Beachtung von Vorzeichen und Vorschriften."

TAO übt grundsätzlich den respektvollen Umgang mit all den vielen, wahrhaftig allen, irgendwie religiösen Betrachtungsweisen.
Nachdem wir wissen wie viele, ungezählte Variationen das "Große Spiel", mit all den Verhaltensweisen und Variationen in dem nun schon sehr lange ablaufenden Spielgeschehen, hervorgebracht hat, ist jegliche Glaubensform letztlich doch wieder mit TAO verbunden, dem Geistigen sowie dem Göttlichen.
Dies ist nicht gleichzusetzen mit dem Abstandgeber: "Toleranz gegenüber von", sondern es ist vollständig unvoreingenommenes Verstehen und Verständnis für Betrachtungsweisen und Standpunkte im "Großen Spiel".
Selbst Wesen die von sich behaupten ohne ein Göttliches Miteinander bestehen zu können oder zu wollen, sind für TAO-Wesen nur eine von vielen Spielarten im Dasein.
Ob jemand einen speziellen Gott oder mehrere Götter anbetet, ob er nur sich selbst vergöttert oder das Materielle, Geld und Gut, ...!? Jedermann ist TAO, ist unser gleichwertiges Miteinander.

Das "Große Spiel", des geistigen Kosmos sowie des universalen Lebens, schließt niemanden aus, wirklich niemanden.

Wir unterscheiden uns nur in den Spielarten sowie in den Spielfeldern, in selbst- oder fremdbestimmten Regeln und in den jeweiligen Absichten. Ansonsten sind wir TAO, ohne Wenn und Aber.

Wer mit diesen Denkarten übereinstimmen kann ist herzlich eingeladen, mit mir gemeinsam den Weg der Druiden des TAO zu beschreiten.

Negativ wirkende Energien resultieren lediglich aus den Übereinstimmungen mit ganz persönlichen Blockaden und allerlei karmischen Verknüpfungen.

Damit wollen wir uns entweder selbst klein und unscheinbar machen, uns vor etwas verstecken, beziehungsweise wir sollen klein gehalten werden.

Lasst uns gemeinsam mit **MUT** (**M**achtvolle **U**nbezwingbare **T**atkraft) hinaus gehen und den Sumpf niederer Emotionen verlassen.

Die Spirituellen Rückführungen helfen uns definitiv dabei vielerlei Erkenntnisse, Wirklichkeiten und Realitäten zu gewinnen, sowohl für unser Dasein in einer Vergangenheit als auch für das Dasein im Hier und Jetzt, der unmittelbaren Gegenwart, und schließlich für das Dasein in einer nahen sowie fernen Zukunft.

Göttliches TAO, den Göttlichen Ursprung, den
Zugang zu unserem ureigenen Selbst finden wir letztendlich über völlig bewusst machende, religiöse Maßnahmen.

Ein effektives Angebot hierfür
sind die Spirituellen Rückführungen.

Der Geist des Spielens

Wir, als die Kinder der Wiedergeburt, haben unseren Ursprung im Göttlichen TAO.

Erst der Spielverlauf hat uns über die lange Distanz zu dem gemacht, als das wir uns heute darstellen.

Die Verbindung zu dem Lebendigen, das nur ein anderer Aspekt des Geistigen ist, widerfuhr uns erst auf der Spiel-Ebene, die Leben in verschiedenen Formen hervorbrachte.

Hier ereilte uns spielerisch das Schicksal mit dem „Rad des Lebens", dem wir uns selbstverständlich selbstbestimmt zuordneten. Wir verflochten uns immer mehr zum Leben hin.

Dabei nahmen wir bewusst, zumindest vorübergehend, einige unserer Fähigkeiten zurück.

Seitdem gibt es die Verbindung von Körper-Geist-Seele als funktionsfähige Einheit.

Im nun Folgenden versuche Ich möglichst verständlich zu erläutern, wie das erst geistig kosmisch gestaltete „Große Spiel" entstand und was unsere Rolle darin ist. So beginne ich abermals:

Als klare und reine, von Liebe und Licht, dem Göttlichen TAO, hierher getragene Spielgeister sind wir in einem vorerst geistig geprägten Kosmos angetreten.

Wir, zumindest die TAO-Geister der „ersten Stunde", die Konstrukteure, wurden vom Göttlichen TAO ausersehen ein neues kosmisches Spiel zu erschaffen.

Wir haben uns, per Versuch und Irrtum und neuerlichem Versuch, die Spielbasis selbst gestaltet: Das bipolare, dreidimensionale, physikalische Universum. Dies ist nicht zu verwechseln mit dem Kosmos, der auch das Geistige beinhaltet.

Auch die Gesetzmäßigkeiten, für die Voraussetzungen eines spielbaren Spieles, haben wir auf die gleiche Art und Weise geschaffen.

Zu jeder Zeit und an jedem Ort muss uns bewusst sein:

Wer seinen ursprünglichen Spielgeist verliert hat verloren, noch bevor sein Spiel des Lebens richtig begonnen hat.

Jegliche Spielmöglichkeiten der unterschiedlichsten Arten und Weisen wurden von uns selbst erschaffen, um die Vielfalt des universalen Spielfeldes sowie der kosmischen Spielvorstellungen voll auskosten zu können.

Theoretisch wären wir immer noch fähig, alle Varianten des ursprünglich auch noch geistigen Erlebens zu spielen. Praktisch jedoch haben wir selbst uns etliche der vielen Möglichkeiten verbaut. Mit der eindeutigen Absicht, das Spiel immer noch ein bisschen interessanter zu gestalten.

Jedoch besonders hier, auf dem Planeten Erde, begeben wir uns bis in die so ziemlich tiefsten Niederungen, des von Lebenseinheiten Erlebbaren.

Wir binden uns hier hauptsächlich in das Lebensgefühl von Menschen, seltener in das von Tieren oder Pflanzen.

„Erleben und erlebtes leben", so hieß unsere ursprüngliche Devise, wobei uns allzu häufig die Notwendigkeiten des Überlebens einholten. Wir landeten dadurch in einem wenig befriedigenden Zustand fremdgesteuerter, externer Führung, einem uns TAO extrem unangenehmen: „Durch andere gelebt werden."

Hier und heute verlieren wir uns zudem zunehmend im organisierten Nichts der Schreibtisch-Schwindler und im destruktiven Tun der Wertezerstörer.

Objektiv oder subjektiv zu erkennen, wer oder was die Schreibtisch-Schwindler sind, sei Euch selbst überlassen. Destruktive Wertezerstörer lassen sich sicher noch leichter feststellen.

Wobei auch alle diese anscheinend fremden Einflüsse letztlich nichts anderes sind, als Aspekte unserer eigenen, ursprünglich ursächlichen Betrachtungen.

Als positiv wirkendes, strategisches Zwischenziel sollten wir uns hier hinstellen: **Je hochwertiger ein Spiel ist, desto höher schwingt sich TAO, die Seele, hinauf.**

Die Spiele der unteren Spiel-Ebenen ziehen Leute in niedere Emotionen hinein. Das Entkommen davon, wird den (uns) dort (oder hier) bereits angekommenen Wesenheiten zusätzlich erschwert. Auch dieser fortwährend abwärts gerichtete Strudel des Absturzes ist ein selbst konstruierter Vorgang; allerdings mit geradezu „perversem" Spielcharakter.

Es liegt ausschließlich an uns selbst, ob wir das jeweilige Spiel unseres eigenen Lebens mit einer möglichst hohen oder mit einer niederen Schwingungsqualität ausstatten. Wir sollten uns dabei immer bewusst bleiben, dass wir sowohl durch unsere Taten als auch durch unsere Unterlassungen die Regie in unserem Leben führen.

Oh ja, selbstverständlich wirkt sich ebenso das, was wir <u>nicht</u> selbst tun auf den gesamten Spielverlauf mit aus und ... wir setzen auch dafür eigenverantwortlich die Ursachepunkte. Denn auch das Wegschauen und etwas Zulassen, was nicht unmittelbar von uns selbst ausgeht, wirkt auf das gesamte Spielgeschehen ein.

Je bewusster wir uns sind oder wieder einmal werden, umso leichter fällt es uns schließlich das Spielgeschehen als solches zu akzeptieren, letztendlich wieder zu steuern. Wir sind nämlich tatsächlich, die allem übergeordneten Spielführer, die Regisseure für die ständig ablaufenden Dramen sowie für die Lustspiele oder die kleinen, täglichen Geschehnisse.
Als Regisseure können wir nicht nur lenken, wir sind sogar berechtigt und in der Lage, das Drehbuch völlig neu zu gestalten.
Unser Einfluss erstreckt sich dabei tatsächlich auf jegliche Kleinigkeit, bis hin zu dem Stolperstein auf der Straße.
Allerdings macht es nun wirklich keinen Sinn, sich um jedes und alles kümmern zu wollen. Gute Spiele leben schließlich ganz besonders auch von den offenen Räumen die man ihnen lässt.
Du selbst, sowohl als Mitspieler als auch als Gegner, fühlst Dich wohler, wenn Möglichkeiten für eigene Variationen eingeräumt bleiben.

Deshalb fühlen sich etliche, freiheitsliebende Menschen in diktatorisch geführten Staaten eingeengt. Deshalb flüchten sie aus der Enge, sogar unter Einsatz ihres Lebens.

Wir dürfen auch hier, wie überall, niemals außer Acht lassen: Ob als Mitspieler oder als Gegner, alle sind Aspekte eigenständiger Geistiger Wesen, sowohl von sich Selbst, als auch von anderen Spielgeistern, mit derem ureigenen Bedürfnis ein Spiel haben zu wollen.

Der Sinn eines Spieles besteht insbesondere darin, dass Ziele erreicht und/oder sinnvolle Produkte geschaffen werden, und ganz wichtig: **Jeder Ablauf eines Spieles muss Freude bereiten.**

Die Fahne für den Faktor Freude oder auch billigeren Spaß sollten wir zu jeder Zeit hoch halten, damit sie sich auf irgendeine Art und Weise in möglichst vielen Bereichen des Lebens auswirken dürfen. Dabei stehen unwägbare oder einengende Regelwerke dem Vergnügen am Spiel direkt entgegen.

Wobei zu freizügige, völlig grenzenlose Spielregeln, Spiele auf Dauer langweilig machen. Was aber wiederum weitere, etwas anders gerichtete, nun wieder anregendere Spielfaktoren auf den Plan rufen kann.

Extrem streng verfestigende, überzogen ernsthafte Regelungen wirken geradezu tödlich, sowohl für das Spielgeschehen als auch manchmal tatsächlich für einige Teilnehmer am Spiel.

Wer trotz verrückt machender Vorschriften, normativen Moralbegriffen, sowie zu engen, damit mehr und mehr kriminalisierenden Gesetzen und Verordnungen, zumindest vorübergehend etwas Vergnügen am Spielgeschehen haben möchte, der sollte sich kurzzeitig und aus freien Stücken an den Rand des Spielfeldes begeben oder sich auf eine Art Tribüne stellen.

Von hier aus kann er jetzt dem irren Treiben der Anderen mit entsprechender Toleranz (Abstand) zusehen.

Aber Achtung: Dort draußen können auch solche schlimmen Leutchen stehen, die Outsider, denen man es aus bestimmten Gründen irgendwie verwehrt hat, am Spielgeschehen teilzunehmen.

Das schon viel früher im Universum, aber auf der Erde besonders zur Zeit der alten Römer betriebene Prinzip von „Brot und Spiele", speziell zur Ruhigstellung der Bevölkerung, hat Wesenheiten sowie Menschen in großer Zahl zu einfachen Zuschauern degradiert. Wie schon angedeutet gab es solche Maßnahmen auch schon sehr viel früher, noch vor den Römern und nicht unbedingt auf unserem Planeten.

Hier und heute (besonders in deutschen Landen) heißt das so ziemlich perfekt ausgeklügelte, staatlich eingeführte System zur Aufrechterhaltung von sozialer Ruhe: „Hartz und soziale Grundsicherung und Sportsendungen (Fußball, Tennis, Golf, Autorennen oder ...)".
Wer einmal in das Fangnetz der „sozialen Sicherung" gerät, hat es allerdings verdammt schwer sich wieder daraus zu befreien.

In den USA gibt es dieses System so nicht. Dort fehlt weitgehend das „Brot", die sozial dämpfende, finanzielle Absicherung.
Deshalb sind dort die Gefängnisse voll von kriminalisierten Leuten, die versucht haben, auf andere Art und Weise ihren Lebensunterhalt zu sichern.

Übrigens, als „Outsider" spielen die Leute dort draußen (im Stadion oder vor den Bildschirmen) ihr eigenes, kleines Spiel. Sie betätigen sich als mehr oder minder kritische Beobachter.
Bestenfalls wirken sie als die Spieler anfeuernde Fans, die in ihrer Vielzahl schon wieder eine Art „Insider" darstellen.

Diese Variante im Spielgeschehen soll ohne Zweifel als ausgesprochen wichtig (gewichtig oder schwer bis schwierig) angesehen werden. Denn, diese aufgebauschte Wichtigkeit wird von gewissen Machthabern genau so gewünscht.
Als einfach nur Ruhesuchende sollten wir uns von solchen Pseudoaktivitäten fern halten, uns nicht einfangen lassen. Wir sollten, nach Möglichkeit, den dort „draußen" herrschenden Spielvorgaben nicht erliegen. Deren Regelwerk beruht auf Abgrenzung bis hin zur gewalttätigen Intoleranz.
Es macht uns nämlich dämlich und krank sowie ebenso starr und unbeweglich wie die bereits eingefangenen Zuschauer-Persönlichkeiten.

Unsere breit gefächerten Spielmöglichkeiten können wir auf acht Spielebenen oder Spielstufen darstellen:

8) Göttliches TAO

7) Geistige TAO-Wesen

6) Physikalisches Universum

5) Lebewesen

4) Menschheit

3) Gruppen

2) Familienbande

1) Ego (mit den noch tiefer absteigenden Stufen Egoismus und Egozentrik).

Paradox erscheint: Je vielfältiger die Möglichkeiten im Spiel auf den immer höheren Ebenen sind, auf denen wir spielen, je schwieriger sie anderen erscheinen, umso großartiger werden unsere Befähigungen im „Großen Spiel", umso leichter sind die Spielbedingungen niederer Art und Weise zu bewältigen. Wir übernehmen im Spielgeschehen zwar immer mehr Verantwortung für immer komplexere Aufgaben, agieren damit aber zugleich auch als immer fähigere, ganzheitlichere Wesenheiten. Wir nähern uns, im Erkennen als Geistigem TAO, immer mehr unserem eigentlichen Göttlichen Selbst.

Das „Große Spiel", des Kosmos, des Universum sowie des Lebens, stützt sich seit Anbeginn auf TAO-Wesenheiten, die bereit und in der Lage sind, über alle Spielebenen hinweg Bewusstsein für ihre Verantwortung zu entwickeln.

Die wahre Größe von Geistigen Wesen beweist sich im ethischen Spielverhalten und an der Spielfreude auf möglichst allen acht Ebenen.

Unsere wahre geistige Größe bemisst sich demzufolge:

An der zunehmend immer ausgeprägteren Befähigung zur Bewältigung von Spielsituationen, und zwar auf möglichst vielen Ebenen gleichzeitig.

Sowie

An der Akzeptanz für all diese Spielebenen unter dem alles überspannenden „Gewölbe" von TAO, dem ursprünglichen Göttlichen Selbst, unser alle Ursprung.

**„Wirklich große Menschen
haben ein eigenartiges Gefühl,
dass die Größe nicht in ihnen ist,
sondern durch sie geschieht."**

John Ruskin (1819-1900)
engl. Schriftsteller

„Wollte der Mensch immer nur ernst und fleißig sein und nicht auch dem Spiel sein Recht geben, so würde er ohne es zu merken entweder von Sinnen kommen oder ganz schlaff und müde werden!"

König Aramis (570 - 526 v.Chr.)

„Durch zu großen Ernst verscherzt man sich das ganze Leben!"

Autor unbekannt

Die Ebenen der Geister

Acht Ebenen

Diese 8 Ebenen haben sich meinen Freunden und mir in sehr vielen Spirituellen Rückführungen immer wieder einmal erschlossen.

Sie entsprechen uns alle durch und durch. Doch wir, als das dem übergeordnete Selbst, fühlen uns vollständig und damit heilig besonders in den beiden oberen Bereichen: Göttliches TAO und Geistiges TAO.

Jedoch sind wir dem Vergessen anheim gefallen, dass wir die Schöpfer allen und jeglichen Seins sind.

Wir müssen uns unbedingt wieder klar sein: Ohne auch die Verantwortung für die unteren Ebenen zu übernehmen, bleiben wir dennoch unvollständig.

All die im Folgenden beschriebenen Ebenen haben wir im Laufe von Äonen als erst kosmische und dann universale Spielfelder geschaffen, um ein, im wahrsten Sinne des Wortes, universales Spielgeschehen zu entwickeln und dieses immer interessanter zu gestalten.

Bei der Erkenntnis bezüglich dieser Ebenen geht es keineswegs darum, uns von den unteren Ebenen zu lösen. Vielmehr sollen wir dieses einmal geschaffene „Große Spiel" begreifen, als solches lernen es zu akzeptieren.

Wir müssen für alle Spielelemente und -situationen Verantwortung übernehmen, ohne es insgesamt allzu ernst zu nehmen, also ohne die Freude und den Spaß daran zu verlieren.

Denn, je mehr übertriebene, geradezu schwerwiegende Ernsthaftigkeit wir dem spielerischen oder verspielten Geschehen in vielfältig gestalteten Spielfeldern beimessen, desto unbeweglicher, erstarrter, irgendwie versteinert werden wir letztlich sein. Diese Versteinerung entspricht uns, TAO, den Geistigen Wesen, absolut nicht. Vielmehr sind wir alle, von unserem Göttlichen Ursprung her, leuchtende, lichte Wesen mit ausgeprägt spielfreudiger Leichtigkeit.

Wir uralten Geistigen Wesen, die wir über unser Menschsein hinaus sein können, definieren uns über acht Ebenen hinweg.

Diese „Ebenen der Geister" erstrecken sich von jedem Individuum selbst aus, als menschliches oder auch als nichtmenschliches Ego, sowie über alle seine, die Ebenen umspannenden Verbindungen, bis hin zum Göttlichen TAO.

Das „Große Spiel", vorrangig das kosmische und im Nachzug das universale sowie später das des Lebens, stützt sich seit Anbeginn auf TAO-Wesenheiten, die bereit und in der Lage sind, über alle acht, bedeutenden Spielebenen hinweg Verantwortungsbewusstsein zu entwickeln.

Die wahre Größe von Geistigen Wesen beweist sich im ethischen Spielverhalten und an der Spielfreude auf möglichst allen acht Ebenen.

„Etwas Gescheiteres kann einer doch nicht treiben in dieser schönen Welt als spielen. Mir kommt das ganze Leben vor wie ein Spiel."

Henrik Johan Ibsen, norwegischer Dramatiker und Lyriker

Spiel-Ebene 8:

Das Göttliche TAO

Unser aller Ursprung ist beim Göttlichen. TAO das Göttliche ist kein Bestandteil des von uns geschaffenen Spielfeldes, des physikalischen Universum.

Das Göttliche TAO durchdringt dennoch bis ins Kleinste alle nur möglichen, von Ihm/Ihr/Es in Szene gesetzten, Universen. In Liebe und Licht durchdringt das Göttliche alle nur möglichen Universen im „All" (das über die vielen Universen hinausgeht). Die Durchdringung überträgt sich auch auf jegliche Geistigkeit.

Deshalb können selbst wir, tief im Ego verhafteten Wesen, von uns behaupten mit dem Göttlichen TAO verbunden zu sein.

Wir sind TAO, der Göttliche Funke im MenschSein, die vom Göttlichen ausgesandte Seele.

In enger Verbundenheit mit dem als „vereinigt" wahrnehmbaren **Göttlichen TAO**, mit dem Ursprung, erleben wir kein „Spiel", so wie wir es zur Zeit kennen. Im Göttlichen Sein sind wir völlig losgelöst von jeglicher materiellen oder auch immateriellen Befangenheit. Wir sind an keinerlei Dimensionen gebunden.

Unser „Zustand" auf dieser Ebene, die man nicht einmal als solche bezeichnen sollte, ist "die höchste Liebe" in absoluter Reinheit der lichten Energetik. Wir „erstrahlen" in der „Gemeinschaft der Vielen" als ebenso Göttliches TAO-Wesen im energetisch hochwertigen Lichte der klarsten Energetik.

Mehr kann und will ich dazu vorerst nicht schreiben, denn bei dem Göttlichen TAO versagen sämtliche Begriffe. Alle Worte, so wie wir sie verwenden, haben keinen Wert, weder dort noch hier oder überhaupt. Die hier verwendeten Worthülsen aus dem Sprachgebrauch des physikalischen Universum sind einfach viel, viel zu unvollkommen, wesentlich zu schwach, um der Wirklichkeit gerecht zu werden.

Spiel-Ebene 7:
Die Geistigen Wesenheiten

TAO das Geistige tritt im „Auftrag" von TAO dem Göttlichen an, ursprünglich, ganz am undefinierbaren Anfang, das „Große Spiel", das kosmische, zu starten.
Geistige Wesen, die 13 (12 + 1) Konstrukteure, erdenken sich zuerst einfach mal völlig verschiedene Spielmöglichkeiten.

Ab der Erschaffung von Raum entwickeln sie die so genannten Realitäten. Die Gedankenkonstrukte werden nach und nach zum Physikalischen gefügt.
Über Versuch und Irrtum, einen Aufbau und seiner Zerstörung sodann erneuter Aufbau, entstehen verschiedene Prototypen von Universen in den Weiten des Welten-All.

Unser anfänglicher Spielverlauf ist ständiges „Chaos", ständige Erneuerung und Veränderung.

Wie Kinder im Sandkasten, bauen wir auf, machen alles wieder kaputt und errichten die Dinge neu, aus immer anderen Blickwinkeln.

Einige von uns kümmern sich, weil es ihnen besonders liegt, um die fortgesetzte Erschaffung von Raum.

Andere kreieren in diesen noch jungfräulichen Raum hinein Formen und Farben und ... . Zur Schaffung vielgestaltiger, energetischer Grundlagen bilden wir erste Schwingungsqualitäten aus. Damit und daraus wird irgendwann einmal, in dem Lauf von Äonen, gestaltbare Materie.

Aus dieser Basis heraus gestalten wir das „Große Spiel". Wir starten es, als noch immer reine Geistige Wesen.

Aus diesem Zustand heraus sind wir fähig zu allem und jedem, ob gut oder böse – wobei weder „Gut" noch „Böse" hier eine entscheidende Rolle spielen. Noch sind wir einfach nur wir Selbst.

Auch dann, wenn wir aus heutiger Sicht zerstörerisch gewirkt haben sollten, ist dies einfach nur überdeutlich der Ausdruck der Vielfalt unserer gestalterischen Befähigung.

Ebenso wenig wie ein Hurrikan oder ein Vulkan aus bösem Willen heraus aktiv werden, können auch wir auf dieser Ebene nicht mit menschlichen Maßstäben der Neuzeit gemessen werden.

Auch allerlei Gesetzmäßigkeiten für die wechselnden Abläufe werden angedacht, wieder verworfen und neu konzipiert.

Nach anfänglichen, alles entscheidenden „Querelen" stimmen wir letztendlich miteinander mehr und mehr überein. Das Spielfeld, heute Universum genannt, wird immer „handfester".

Die ursprünglichen, machtvollen Geistigen Wesen sind im HIER und JETZT, der unmittelbaren Gegenwart, noch immer aktiv, auch, wenn wir Menschlein davon nichts mitbekommen. Zumal die Zeit im geistigen Umfeld dieser Wesen noch nie eine Rolle gespielt hat.

Als übergeordnete Spielgeister sorgen die Wesen des Ursprungs für den geistig-kosmischen, konstanten Erhalt des „Grossen Spielverlaufs".

Auch wir sind hierzu an diesem Erhalt beteiligt, sowohl als Einzelne als auch im Miteinander, als das Geistige TAO, der Göttliche Funke im Menschsein.

Übrigens: Unser Spielfeld ist nur eines von sehr vielen. Es gibt nämlich noch andere Geistige Wesenheiten die ähnliche oder gänzlich andere kosmisch sowie universal zu nennende Spiele gestaltet haben und noch immer gestalten.

Spiel-Ebene 6:

Das physikalische Universum

Dies ist das vielfältige, universale Spielfeld mit: Materie, Energie, Raum und Zeitablauf.

Die ursprüngliche Energetik ist noch rein geistig, erhalten in den Denkstrukturen von Geistigen Wesen. Daraus gestalten die Geistigen TAO-Wesen physikalische Energie sowie die Materie, als Potenzial für weitere Arten von Energie.

Zeit ist keine eigene Dimension, sondern nichts anderes als: Die Bewegung von Materie oder Energie im Raum.

Nur der Raum ist in Dimensionen darstellbar, speziell in den drei Dimensionen: Linear, flächig und räumlich.

Unser Universum ist allerdings, wie bereits erwähnt, weder das einzige in den Weiten des All, noch ist es in der heutigen Gestalt das erste seiner Art.

Im Bereich dieser Spielebene üben wir uns im Umgang mit der nachgeordneten Energie, dem Raum, darin der Materie, und „später" auch mit dem Thema Zeit, also bewegter Energie sowie Materie.

Wir geben den von uns geschaffenen Bestandteilen dieses universalen Wirrwarr einen Sinn. Durch uns wird alles zum nutzbringenden Spielmaterial.

Das weitgehend bipolare, dreidimensional gestaltete, physikalische Universum ist aus unserer gemeinsamen Übereinstimmung erwachsen und wächst noch weiter.

Durch die Anwendung von Versuch und Irrtum gestalten wir immer noch Galaxien, Sonnen und Planeten und zerstören sie ebenso wieder, um aus dem Zerstörten Neues zu schaffen.

Wir sind im Großen die Erschaffer, die Geistigen Wesen, denen es obliegt das Universum entweder expandieren oder schrumpfen zu lassen.
So ist der so genannte „Urknall" nur einer von mehreren Neuanfängen unserer fortwährenden Gestaltungsprozesse.

Die wesentlich später geschaffenen Lebensformen, in allen ihren mannigfaltigen Erscheinungen, im nun messbar gewordenen Zeitgeschehen, werden von uns erst nur deshalb kreiert, um damit herum zu experimentieren.

In dem von uns allen gemeinsam geschaffenen Universum, mit seinen bipolaren Yin-Yang-Gegensätzen, sind immer zwei Seiten einer Medaille „geschmiedet"; wie beispielsweise die mächtigen Anziehungs- und Haltekräfte im Gegensatz zu den Abstoßungs- und Fliehkräften.
Bei den Gravitationskräften ebenso wie beim Magnetismus sehe ich hierbei die physikalische Entsprechung zu den Qualitäten von der Liebe (als Anziehung) und dem Hass (als Abstoßung).
Wobei, speziell wie beim Magnetismus, beide Pole durchaus umkehrbar sind.

Vor langer, langer „Zeit":

Während wir noch sehr fleißig dabei sind, dieses Universum als unsere künftige „Heimat" zu gestalten, werden wir das erste Mal zu Opfern gemacht.
Wir werden mit brutalen Invasoren konfrontiert, die aus einem anderen, einem mittlerweile verbrauchten, technischen Universum zu uns herüber kommen.
Diese fremden Eindringlinge erkennen uns nicht als verwandte Geistige Wesen. Sie betrachten uns vielmehr nur als willkommene Kraftquellen für ihre Technik.
Wir sind den Burschen hilflos ausgeliefert. Wir sind deshalb unterlegen, weil wir ihnen nicht als geschlossene Gruppe entgegen treten.

Diese Vorstellung, eines organisierten Zusammenschlusses in Gruppen, ist uns noch fremd.

Wir sind trotz unserer geistigen Verbundenheit bereits viel zu individuell in den Gestaltungsprozessen. Damit ist jeder für sich einzeln greifbar.

Eine lange Zeit (deren Begriffsdefinition und seine Messbarkeit sowie dessen Bedeutung stammt von den Fremden) dienen wir den Invasoren als Mittel zum Zweck. Einmal gefangen und eingesperrt in Kristallbatterien versorgen wir ihre Technik mit Energie (Raumschiffe, Stationen, Roboter und vieles mehr).

Aus dieser heftigen, von intensiver Unterdrückung geprägten Begegnung, gehen einige wenige von uns glücklicherweise gestärkt hervor, während andere Wesen klein und unfähig gemacht bleiben.

Sogar unser Spielgeschehen verändert sich von nun ab entscheidend; es wird (aus heutiger Sicht betrachtet) immer brutaler und von Macht besessen.

Etliche der nun wieder mächtiger gewordenen, neu in Szene gesetzten Aspekte* der alten, ursprünglichen Wesenheiten, versuchen für sich selbst jetzt mehr und immer mehr vom bisher halbwegs gerecht aufgeteilten Kuchen des Universum abzuschneiden.

*Aspekt: Vom Lateinischen aspetus = „Anblick". Auch die Blickrichtung oder die Ansicht, der Gesichtspunkt; ein möglicher Bewusstseinspunkt von dem aus man wahrnehmen kann.

Wir, die erstarkten Geistigen Wesen der neuen Bühne, schaffen uns absichtlich verschiedene solcher Aspekt-Punkte, um das „Große Spiel" weiter ausdehnen zu können.

Jegliche von uns einmal geschaffene Bewusstseinseinheit ist solch ein Aspekt, der als völlig eigenständiges Wesen am Spiel teilnimmt.

Es sind die geistigen Identitäten, „Abspaltungen" von den ursprünglichen Wesenheiten.

Sie sind von uns, den ehemaligen Urwesen, mit Bedacht als völlig eigenständige Geistwesen entwickelt worden, um das Spielgeschehen ins Universum hinaus zu erweitern.

Diese neuen, machtvollen „Götter", bis hin zu ganzen „Götter-familien", als die sie gerne auftreten, haben immer jeweils ein übergeordnetes Geistiges Wesen, als schöpferisches Ursachever-hältnis.

So schaffen die relativ wenigen Wesen des Ursprungs, gewis-sermaßen aus sich selbst heraus, andere Wesen geistiger Art.

Von deren Blickwinkel aus können sie die Spielbasis, das Uni-versum, und die darin enthaltenen Spielsituationen völlig neu be-trachten.

Aus den ersten und nächsten machtvollen Wesenheiten einer nachgeordneter Art werden wieder und wieder neue Aspektwesen „geboren". Es entstehen und wachsen regelrechte Stammbäume von Wesenheiten.

Die „Familien der Götter", wie wir sie aus den irdischen Mythen kennen, sind allerdings bereits Aspekte der Neuzeit, gleichfalls hervorgebracht von wiederum wesentlich älteren Geistwesen.

Der große Bereich Lebewesen, dem wir als Menschenrasse ent-sprungen sind, ist ebenso nur eine nachgeordnete Aspektfolge.

Alle von uns hatten und haben in der „Nähe" des Ursprung im-mer noch ein jeweiliges Geistiges Selbst, ebenfalls TAO, das wir im eigentlichen Sinne sind.

Erste Positionen von mächtigen und weniger mächtigen Geist-wesen, damit oft unterlegenen Wesen bilden sich.

Sie treten in einen kriegsähnlichen Geschwisterzwist mit ihrem anderen Selbst ein (noch immer ist dies eher spielerisch).

So etwas wie „Kriege" sind hier ganz einfach interessant ge-machte Situationen, um Kräfte zu messen und um das Spiel-Mate-rial des Universum zu testen.

Auf beiden Seiten müssen einfach nur Machtpositionen ge-schaffen, aufgebaut und ausgebaut werden, entsprechend der Vorstellungen und Gesetzmäßigkeiten des Spielverlaufs.

Es fehlt jedoch, in diesem scheinbar gegnerischen Miteinander, die im Chaos des Untergangs endende Brutalität, verbunden mit der von Verrücktheit getragenen, tödlichen Ernsthaftigkeit neu-zeitlicher Auseinandersetzungen.

Das ganze Spielgeschehen hat im Endeffekt nur eine Ähnlichkeit mit Spielen wie Schach oder anderen Strategiespielen.

Die Wesenheiten des Ursprungs, die 12 + 1 (13) Konstrukteure erschaffen sich meist lediglich zwischen 7 oder 12 Nachfolger.
Diese ihre neueren Wesensaspekte, sind ebenfalls noch ungeheuer machtvoll. Sie erzeugen ebenfalls weitere Aspekte. Bald gibt es eine schier unbegrenzte Ausweitung.

Nachfolgewesen mit wesentlich ernsthafteren Machtgelüsten, erschaffen sich in späteren Zeiten ganze Armeen von unterschiedlich starken Geistwesen sowie später Lebewesen der verschiedensten Arten und Befähigungen.
Das Universum, mit all seinen Spielbestandteilen, wird in dem Kampf der Kräfte genutzt, ohne Rücksicht auf Verluste.

Der Raum wird schon bald in Territorien aufgeteilt. Elektrische Energien stehen den Wesenheiten als Machtmittel zur Verfügung. Materie genießt den Zweck von Besitztum.
Nur sehr unbestimmte Zeitspannen grenzen die jeweiligen Spielverläufe ab. Die Zeitmessung hat nämlich noch immer keine besonders große Bedeutung.

Spiel-Ebene 5:

Die Lebewesen

Die Erschaffung von Leben „verdanken" (?) wir dem 13ten Konstrukteur, der sich bis dahin noch zurückgehalten hat. Die Bindung an Leben hat nämlich die Geistigen Wesen leider letztlich abstürzen lassen.
Seine mehr oder weniger vom Göttlichen vorgegebene Rolle ist erst einmal die eines Beobachters. Die von diesem (oder weiblich dieser!) oder schließlich von uns geschaffenen Aspekte, die des Lebendigen, sind uns, den Geistigen Wesen, selbst sehr ähnlich.

Auf dieser Spielebene setzen wir eine Vielzahl von Lebendigem in der Form von Lebewesen in Bewegung. Dies reicht von Einzellern bis zu den Zellstaaten der verschiedensten Arten.

Durch die ach so ausgeprägte Lebendigkeit dieser neuen Wesensform entsteht Emotion, echtes Gefühl und starkes Empfinden.

Heftige Schmerzen und schmerzhafte Verluste sind für die Geistwesen erst ab dieser Ebene erfahrbar.

Lebewesen empfinden allerdings sowohl Schmerz, Angst und Verlust als auch Vergnügen und Begeisterung sehr viel intensiver als wir, die wir auch jetzt noch abgehobene Geistige Wesen sind.

Besonders die, aus der Sicht des Geistigen sowie aus heutiger Sicht, niederen Emotionen, von Gram über Angst bis Wut, sind uns bis hierher völlig fremd.

Solche intensiven Emotionen verführen Geistige Wesen dazu, sich immer stärker mit dem Leben, den Lebewesen zu verbinden. Was erst als Spaß begann, wird schließlich zu bitterem Ernst.

Wir sind regelrecht scharf darauf, fast schon zunehmend süchtig danach, diese absolut neuartigen, ganz anderen Erlebnisqualitäten auszukosten.

Von dieser Basis „Lebewesen" ab begeben wir uns selbst immer öfter noch tiefer in den Kreislauf des Werdens und Vergehens hinein.

Ab der Ebene der Lebewesen bekommt nämlich das „Überleben" Vorrang. Leben über Leben befasst sich mit der Nahrungskette, die bedeutet: Fressen und/oder gefressen werden!?!

Vielerlei tieftonig ernsthafte, hierarchisch wirkende Strukturen bilden sich ab da verstärkt heraus, mit dieser Schaffung von Leben.

Das große universale Spiel der Geistigen Wesenheiten reduziert sich von hier aus immer mehr auf: „Das Spiel des Lebens".

Wir sind in dieser Spielsituation allerdings auch zunehmend „verwundbarer", in Übereinstimmung mit allen Biokörpern, egal welcher Art von lebendigen Wesen (Einzeller, Pflanzen, Insekten, Echsen oder ...).

Auch das Verlieren von Leben ist jetzt immer verlustreicher und wird damit schmerzhafter.

Anfangs ist das Sterben einer übernommenen Lebensform einfach noch ein reizvolles, stark empfundenes Spielelement. Wir gehen selbst mit den schon menschlich geformten Körpern noch recht unbekümmert um.

Diese überaus zerbrechlichen Dinger sind aber auch sehr anfällig, wenn sie zum Beispiel von Bäumen oder Klippen fallen oder durch andere Tiere umkommen. Gegen allerlei Krankheitserscheinung sind Lebensformen auch nicht gerade gut gerüstet.

Na ja, im Falle des jeweiligen Todes nehmen wir uns eben ein neues Vehikel, ein neues Werk- oder Spielzeug.

Wir vergessen dabei gerne: Auch das Lebendige ist über die eigene, geistige Komponente existent. Damit hat das Leben, auch ohne unser Dazutun, eine eigenständige, hochwertige Existenzberechtigung.

Die Sichtweise, wie wir mit Körpereinheiten herumspielen, macht uns bei der Gattung „Lebewesen" nicht gerade beliebt. Deshalb stehen wir im Ansehen bei unseren derzeitigen Körpern auch nicht besonders hoch im Kurs.

Durch so manche Praktik werfen sie uns gerne auch einmal hinaus. Bei tiefer Bewusstlosigkeit oder mittels Drogen oder Trance befreien sie sich von unserem Einfluss.

Nochmals: Wir dürfen niemals vergessen, dass das Leben ebenso TAO ist wie wir Selbst, die Seele.

Es ist ein Folgeaspekt seines Konstrukteurs, des 13ten. Auch das Leben kann ohne TAO nicht sein. Auch das Leben steht immer mit dem Geistigen TAO und mit dem Göttlichen TAO in Verbindung.

Allein schon aus diesem Grunde sollten wir niemals geringschätzig mit den für uns bestimmten oder von uns gewählten Körpereinheiten umgehen.

Spiel-Ebene 4:

Die Menschheit

Die Menschen vom Planeten Erde sind hier Bestandteile der vorherrschenden Spezies, der menschlichen Rasse, Menschheit genannt.

Wie ich über Spirituelle Rückführungen erfahren durfte, gibt es allerdings auch außerhalb dieses Planeten Menschwesen.

Die Menschheit der Erde ist im Grunde darauf bedacht, ihre Rasse zu erhalten. So wird festgestellt, dass sich sogar nach besonders heftigen Kriegsereignissen die Bevölkerung der beteiligten Länder bald wieder regeneriert.

Manchmal erhebt sich sogar eine verbesserte Zivilisation als jemals zuvor aus den Trümmern, wie der Vogel Phoenix aus der Asche.

Der Begriff „Menschlichkeit" kann sowohl als „humanitär" betrachtet werden, als auch „idiotisch" bedeuten, in der Art von verrückt machend.

Denn kein anderes Lebewesen auf Erden erzeugt so viele Probleme, Schuld und Leid wie die Menschheit. Ohne den Menschen gäbe es hier keine einzige der unnatürlichen Problemstellungen.

Auf der Spielebene der Menschheit übernehmen wir TAO-Seelen gezielt und immer wieder, die für uns besonders gut brauchbaren Fleischkörper.

Diese spezielle Lebensform hat eine den Geistigen Wesenheiten sehr ähnliche Körper-Matrix; sie ist in der gesamten Weite des Universum verbreitet.

Die Körperform von Menschen entspricht der fiktiven Vorstellung von uns sonst körperlosen Geistwesen, wenn wir uns Aufgaben zuwenden sowie uns Funktion zurechnen. Sie eignet sich hervorragend als überlebensfreundliche und nützliche Form des Lebens.

Als ein Mensch lassen sich verschiedenartige Spielsituationen so richtig intensiv erleben, voll ausleben und durchleben.

Diese Menschen (sowie die Menschenähnlichen) sind überaus entwicklungs- und anpassungsfähig, mit ihren Kohlenstoffkörpern, den bioelektrischen Einheiten: Den Gehirnteilen zusammen mit dem Nervenstrang in der Wirbelsäule sowie mit dem Nervensystem, das durch den gesamten Körper hindurchführt.

Nicht vergessen sein sollen ihre tollen Gliedmaßen, die Beine und Arme mit den funktionellen Füßen und Händen.

Kaum einer anderen Einheit des Lebens nehmen wir uns so intensiv an. Wir geben der Menschenrasse außerdem eine gut ausgeprägte, individuelle sowie kollektive Fähigkeit zum Denken mit.

Diese Denkweise, per unterschiedlichen Gehirnteilen sowie vom Herz her oder aus dem Bauch heraus und darüber hinaus mit dem energetischen Konstrukt, dem Verstand, ist besonders eng angebunden an jenes strukturierte, intensiv arterhaltende Sozialverhalten.

Das menschliche Denken mittels des Verstandes, ist als ein ähnlich gestalteter Ableger, unserer eigenen, geistigen Denkart nachempfunden. Leider ist dieser Verstand heutzutage häufig verseucht, mit schwerwiegenden Dramatisationen und mit Einpflanzungen die wie Viren wirken.

Die Menschheit ist jedoch tatsächlich nur eine von vielen Rassen im All. Darüber hinaus gibt es noch jede Menge andere Lebenseinheiten. Sie sind amöbenhaft, pflanzlich, insektoid, reptiloid, ... und sogar mineralisch.

Diesen Formen des Lebens können wir Geistige Wesen uns gleichfalls beiordnen. Wir können selbstverständlich auch sehr lange Zeitspannen ohne jeden Körper auskommen oder uns um Tiere kümmern. Allein, die menschliche Lebensform zieht uns immer wieder verstärkt an, schon fast wie magisch.

Auch, wenn wir jetzt unsere Körper verlassen (so genannt sterben!?) fügen wir uns über kurz oder lang wieder in die Rasse der Menschen ein.

Übrigens: Das bereits vorhandene Primatenmaterial des Planeten Erde wurde vor langer Zeit genutzt, um daraus speziell die irdischen, menschlichen Körper zu gestalten.

Das heißt allerdings nicht, dass Menschen mit den Affen verwandt sind. Deren Bewusstseinszustand ist noch immer der von Tieren.

Dennoch sollten alle Menschen den lieben Tierchen selbstverständlich dankbar sein, für ihr freundliches Entgegenkommen.

Spiel-Ebene 3:

Die Gruppen

Gruppenbildungen, über die Familienstrukturen hinaus, erstrecken sich bis weit in das soziale Gefüge von Menschen hinein.

Diese Gruppenbildung begünstigt das Konkurrenzdenken. Gruppen haben häufig die Tendenz auch in Konkurrenz zu Familienverbänden zu treten, wie wir es bei den Staatswesen ebenso feststellen können.

Das ist der Grund, weswegen die moderne Arbeitswelt dem Familienleben nicht mehr zuträglich ist.

Familien werden regelrecht zerrissen, weil das Verdienen von Geld den Fokus einnimmt.

Vorgeblich geht es darum, den Lebensunterhalt zu verdienen und sich einen Lebensstandard leisten zu können. In Wahrheit fordern einfach die beteiligten Gruppen die Aufmerksamkeit, die Lebensenergie, der jeweiligen Mitglieder von Familien.

Auch Egos, Individuen, werden von Gruppierungen regelrecht aufgefressen. Ihre Energieanteile, hier ebenfalls in der Art und Weise von Aufmerksamkeit, wird von den Gruppen vereinnahmt.

Gruppen können sich demnach auch sehr belastend auswirken: Indem sie jede Menge Aufmerksamkeit auf sich ziehen.

Je mehr wir uns von den vielen anderen abhängig machen oder wir uns in der Gemeinschaft mit ihnen verwirklichen wollen, umso mehr Energie fehlt letztlich für unser eigenständiges, selbstständiges Erleben.

Gruppenaktivitäten helfen uns beim Erleben und unseren Lebenseinheiten zwar enorm beim Überleben, doch andererseits saugen sie mit ziemlicher Macht an der Lebenskraft.

Insbesondere den fast ausschließlich menschlichen Lebewesen, zu denen sich ebenso sehr viele von uns reduziert fühlen, setzen wir damit einem ziemlichen Stress aus.

Auch als Geistige TAO-Wesen werden wir durch Gruppierungen intensiv in dieser unteren Spielebene eingebunden.

So können wir, Eigen- und Selbstständigkeit gewohnte Geistwesen, uns durch die Gruppenaktivitäten tatsächlich geradezu angekettet vorkommen.

Aus dieser Betrachtungsweise entsteht eine mehr oder weniger schwerwiegende Gegnerschaft, beispielsweise bei Vereinen oder bei Firmen, bis hin zu Staaten und Staatengemeinschaften.

Die Größenordnungen von Gruppen erstrecken sich nämlich von den kleineren Verbindungen, wie Unternehmen, Firmen oder Vereinen, über die noch größeren Zusammenschlüsse, wie Wirtschaftsverbände sowie Religionsgemeinschaften, bis hin zu Staaten und Vereinigungen von Staaten.

Diese interessante Spielebene, mit den vielen verschiedenen Gruppen, verleiht uns die Fähigkeit zur Entscheidung, zur Möglichkeit sowohl Mitspieler als auch Gegner in agierenden Gruppierungen zu sein oder sowohl die Mitspieler als auch die Gegner haben zu können.

Selbst als eher passiv beigeordnete Zuschauer oder als Fans nehmen wir immer Partei für jeweils eine Seite der aktiveren Mitglieder in den Gruppen.

Die Idee eines Gruppendaseins übernehmen wir anscheinend von den technisch geprägten Invasoren.

Eine solche eher krasse Denkweise entwickelt sich bei uns allmählich, erst nach und nach. Ihr Anfang ist so ziemlich unmittelbar nach dem Eindringen der Fremden zu finden.

Später im Lauf der Zeit, auf Spiel-Ebene 6, im Zusammenhang mit und während der Gestaltung des weiter ausdehnbaren, universalen Spielfeldes, kommt die Vorstellung auf, sich selbst zu „spalten" und die genannten Aspekte zu kreieren.

Damit wachsen ständig sich entwickelnde Gruppen heran, wie von selbst.

Es dauert allerdings noch ziemlich lange, bis die energetisch sowie materiell getragene Betrachtungsweise so weit durchdringt, dass organisierte Gruppen als stärker angesehen werden als Individuen.

Im Zuge dieser Betrachtungsweise verliert das vereinzelte Geistwesen immer mehr die Macht.

„Gemeinsam sind wir stark!", heißt jetzt der Wahlspruch. Nur noch viele Wesen miteinander, in einer mehr oder weniger gut organisierten Vereinigung, gelten jetzt als stark.

Durch den koordinierten Einsatz von Gemeinschaften und Gruppen, gebildet aus Lebewesen, werden sogar außerordentlich mächtige Einzelwesen des Geistigen, so genannte Götter, gestürzt und gefangen genommen.

Deshalb bedienen wir, die Geistigen Wesen, uns im Gegenzug auch zunehmend der Gruppierungen, speziell derer von menschlichen Lebewesen, nur um unsere Existenz überhaupt noch sichern zu können.

Die Mitstreiter treten dann mit mehr oder weniger hoher Begeisterung in den Gruppenbildungen unterschiedlicher Größenordnungen, in einem Wettstreit oder Kampf gegeneinander an. Entweder um ihre jeweiligen eigenen Interessen zu wahren oder sie zu verteidigen oder, um ihren Göttern oder Führern gerecht zu werden. Wobei diese Führer oft selbst nur Marionetten von Geistwesen sind.

Die bipolaren Begriffe von Gut und/oder Böse werden speziell aus den Gruppen heraus wichtig. Diese Attribute spielen ab hier besonders tragende Rollen.

Die Mitglieder von den verschieden gearteten Gruppierungen finden sich in ihren Rollen von "Gut" beziehungsweise „Schlecht" bis "Böse" zusammen.
Als „Gut" wird dann zumeist die eigene Gruppierung wahrgenommen, während die anderen Gruppen dann zwangsläufig „Böse" oder zumindest weniger „Gut" sein müssen.

Spiel-Ebene 2:

Die Familien

Die kleinsten Einheiten im Thema der Familien sind Paargemeinschaften, Ehen und dergleichen, die auf Zuwachs (Kinder) angelegt sind.
Als größere Familieneinheiten gelten darüber hinaus Clans, Sippen und ähnliche, kulturell unterschiedlich benannte Lebensgemeinschaften.
Als die Familien gelten außerdem die, je nach Kulturgeschichte unterschiedlich benannten, Gemeinschaften mit allen ihren Ahnen und den verwandtschaftlich ausgerichteten Beziehungen.
Deren verwandtschaftliche Beziehungen sind durch Generationen-Stammbäume dokumentierbar.

Familienstrukturen dienen dem Schutz und der Unterstützung vor allem ihrer Mitglieder. Deren vorrangiges Spielbestreben ist demzufolge die:

A) Schutzfunktion innerhalb der Gemeinschaft
   und nach außen

B) Sicherung des Überlebens der Einzelwesen sowie
   der gesamten Gruppe

C) Expansion und Ausdehnung (räumlich und zahlenmäßig)

D) Fortpflanzung, insbesondere durch zweckgebundene
   Verbindungen der Geschlechter

E) Erhaltung der Gruppierung und darüber hinaus der
   gesamten Art (in unserem Falle der menschlichen Art).

Im Schutze ihrer Familien entwickeln sich die Menschen, von der Geburt bis zum Tod. Zumindest war es in früherer Zeit so.
Familienbande, als soziale Bindungen in diesem Spielrahmen, können Individuen den Rücken stärken.
Verbindungen in Familien und dergleichen können allerdings auch die Energie rauben. Besonders den Freidenkern werden oft viel zu enge Fesseln anlegen.
Dies richtet sich einerseits nach den erzieherischen Vorgaben die innerhalb von Familienverbänden herrschen und andererseits nach den von außerhalb an die Familien herangetragen Einflüsse und Erwartungen.

Leute die von sich selbst behaupten „Familienmenschen" zu sein, sich selbst auf die Erlebniswelt im Bereich dieser Ebene besonders intensiv konzentrieren oder zentrieren, haben vermutlich, speziell in diesem karmischen Netzwerk, einiges wieder gut zu machen. Sie haben sich gewissermaßen „mit Haut und Haar" ihrem starken Familiensinn verschrieben.

Unter all diesen Gesichtspunkten wird der „Liebe" (körperlich in Form von Sex und sozial in der Art und Weise der Zusammengehörigkeit) eine ganz besondere Wichtigkeit beigemessen.

Zudem finden sich in solchen familiären Gemeinschaften häufig die Wesenheiten zusammen, die sich auch schon zu früheren Zeiten, in früheren Leben, begegnet sind.

Hier wirken die starken Bindekräfte Liebe (Anziehung) und Hass (Abstoßung) als Wiedererkennungswerte.

Dies kann dann im karmischen Miteinander sowohl zu neuerlichen, liebevollen Verbindungen führen, als auch zu problemgeladenen, emotionalen Spannungen, bis hin zu Mord und Totschlag.

Aus dem Miteinander vieler solcher Familien bilden sich größere Gemeinschaften heran. Dies reicht von Dorfgemeinschaften bis hin zu Gebilden die uns als Staat das Leben leichter gestalten sollen, es viel zu oft aber schwerer machen.

Seitdem Staats(un-)wesen vorgeben, sich intensiv um ihre Bürger zu kümmern, verkommt die familiäre Struktur immer mehr. Die Menschen werden zu Singles degradiert, somit auf ihr Ego-Sein reduziert.

Dennoch ist ein Mensch mit einem starken, gesunden Ego immer noch in der Lage, sowohl mit der Familie, aus der er herausstammt, vernünftig umzugehen, als auch selbst eine eigene Familie zu gründen.

Spiel-Ebene 1:

Das Ego

Als menschliches Wesen sind wir sehr stark von unserem Ego bestimmt. Unser angebliches und daher nur so genanntes „bewusstes Sein" hängt intensiv vom jeweiligen Ich-Bewusstsein ab.

Als das, in diesem niederen Zustand nur dargestellte, nicht wirklich präsente „Ich bin", glauben viele tatsächlich, ausschließlich ein Mensch zu sein.

Ein wahrhaft starkes Ego vermag allerdings dennoch, zum Glück, jederzeit auch Präsenz auf anderen Ebenen einzunehmen. So nimmt das Ego des Menschen in der Transzendenz die Position von TAO ein – es wird zu und ist dann TAO.

Dadurch gelingt manchmal tatsächlich der Aufstieg, hin zu den höheren Ebenen und Verantwortungsleveln.

Lediglich Wesenheiten, die besonders oft zu Egoismus neigen oder sogar in noch tiefere Egozentrik versinken, bleiben auf dieser Ebene stecken. Ihr Verhältnis zu weiteren Ebenen ist manchmal mehr oder auch etwas weniger gestört.

Krankhafte Ich-Sucht wird als Egomanie bezeichnet. Für das Ego, den Einzelnen bis hin zum Vereinzelten, schwinden die Spielmöglichkeiten enorm.

Es kann davon ausgegangen werden, dass das Spielgeschehen eines sehr stark individualisierten Ego mit TAO, dem ursprünglich geistigen Selbst, nur insofern etwas zu tun hat, als dessen zeitweiliger Einfluss als „schicksalhaft" empfunden wird. Dabei ist nicht immer klar, ob TAO, als das Höhere Selbst, tatsächlich das vorgeblich Fremde im Spiel ist.
Die Egospiele lassen sich nämlich sehr leicht von außen steuern. Die fremden Lenker können unterschiedlicher Natur sein und verschiedene Absichten hegen.

Manche von den möglichen „Anderen" reduzieren das Leben von Ego-Singel-Typen regelrecht mit Absicht auf verschiedene Formen der "Selbstbefriedigung".

Zum Beispiel mit den das Leben fressenden Süchten verschiedener Arten oder mit angeblich unabdingbaren Notwendigkeiten zum Überleben.

Notwendigkeit definiert sich im Leben dieser Typen ausschließlich als eine in den <u>Not</u>situationen erforderliche, von Reizen getriebene, reaktive <u>Wendig</u>keit.

So lässt ein, zum Beispiel vom Gruppenspieler Staat, erzeugter Mangelzustand, Egos reflexartig agieren, ohne dass diese, aus der Vernunft heraus, großartig darüber nachdenken können.
Diese Spiele eines, auf ein kleines Ego reduzierten Menschen verlieren sich in angeblich für das Überleben so notwendigen Spielsituationen wie:

Arbeiten und einen Beruf haben, allerlei Freizeitaktivitäten, möglichst erlebnisreiche Reisen, anstrengende Sportarten, „himmlische" Sexpraktiken und dergleichen - einfach „Brot und Spiele".

Dies kann zwar sehr vergnüglich erscheinen, birgt aber die Gefahr in sich, wenig zielgerichtet und schließlich ohne höheren Lebenssinn zu bleiben.

Das Leben ist auf dieser Ebene anstrengend und wiegt besonders dann schwer, wenn die ablenkenden Vergnügungen ausbleiben.

Bloße Ego-Menschen brennen sehr schnell aus. Sie können als weitgehend auf ihre Körper reduzierte Persönlichkeitstypen angesehen werden.

Solche Burnout-Erscheinungen sind heutzutage schon an der Tagesordnung. Mittlerweile sind sie als Krankheit anerkannt und damit gesellschaftsfähig.

Wir können sogar noch weitergehende Abstürze von Ego-Wesen erkennen. Der Rutsch führt in die Tiefe, er vollzieht sich jedoch eher schleichend. Dort warten Egoismus und Egozentrik auf ihre Opfer. Die Leute nehmen die Verarmung ihrer bislang tollen Spielbasis oftmals kaum mehr als Abwärtsbewegungen wahr. Im Strudel der Emotionen verlieren sie ihr feinsinnigeres Gefühl dafür.

In den Zuständen von Egoismus bis Egozentrik spielen Drogenkicks und billige Fun-Erlebnisse eine immer größere Rolle. Liebe degeneriert besonderes hier zu pervers anmutenden Sexspielen. Das Erleben von Liebe ist im Schlepptau mit allerlei niederen Emotionen gepaart.

Abwärts gerichtete Gefühle: Wut, Schmerz, Verlustangst (Eifersucht), Trauer, bis zum gramerfüllten Tod, lassen dem Ego kaum einen Spielraum für einen Aus- oder Aufstieg.

Allerdings:

Speziell vom Ego aus, einem noch starken Ego, bleibt die hohe Chance offen, Selbstbewusstsein, Selbsterkenntnis, Selbstverwirklichung und Selbstständigkeit mit einer geradezu übermenschlichen Schwungkraft erneut zu schaffen.

Das Höhere Selbst der hohen Spielebene 7, Geistes TAO, wartet nur darauf den Bogen wieder schließen zu können, um völlige Beseelung in das Spielgeschehen einfließen zu lassen.

Denn nur in unserer Gesamtheit, unter Einbeziehung aller acht Ebenen, sind wir wahrhaft heil(ig).

Auf den immer höheren Ebenen, die wir mit Eifer, Furor und Mut erklimmen können, spielen wir die Spiele mit mehr und immer mehr Leichtigkeit, aufgrund zunehmender Fähigkeiten.

Pure Freude und die Begeisterung am Spiel sind ausschlaggebend für Wohlbefinden, Wohlstand und Zufriedenheit.

Auf den immer tiefer liegenden Spiel-Ebenen, von Ebene 8 abwärts, kommt zunehmend die übertriebene und damit überschwere Ernsthaftigkeit ins Spiel.

Je ernster ein Spielgeschehen wird, desto weniger leicht ist es. Schwierige Spiele, die Schwere bei Spielen, bereiten mehr und mehr Anstrengung.

Wir verlieren in solchen Spielen die Energie und damit die Lust. Die verloren gegangene, mittlerweile fehlende Energie lässt uns trotz oder gerade wegen aller Anstrengung abermals und immer wieder abwärts stürzen.

Ganz zu schweigen von jenen Leuten, die bestrebt sind, uns aus Dummheit oder mit Berechnung, voller Neid und Missgunst, laufend abwärts zu ziehen.

So sind wir an tiefe Spielebenen gebunden, solange uns die nötige Energie zum Absprung oder Aufschwung, hin zu den höheren Ebenen, fehlt.

Übrigens: Konservatismus, eigentlich eine Emotion höherer Art, ist dennoch eine wirklich ernste Angelegenheit. Diese recht hohe Stufe der Emotionen ist bereits abwärts gerichtet.

Konservatismus ist schon der erste Schritt in die Richtung, den Spielgeist zu verlieren.

Der Sinn des Lebens:

Wenn wir das „Große Spiel" immer mit der Absicht spielen, möglichst **wertvolle Produkte für uns selbst und für andere zu schaffen**, gelangen wir an den tieferen Sinn unseres Daseins, den „Sinn des Lebens", gewissermaßen unseren ursprünglich erteilten Auftrag.

Das Schaffen wertvoller Produkte ist weitaus mehr als die kleinliche Sicherung des Überlebens. Dadurch entsteht die Verwirklichung des Selbst, auf möglichst vielen Ebenen.
Dabei spielt es keine überragende Rolle, immer nur gegen andere gewinnen zu wollen.
Denn das Wollen beim Spielgedanken programmiert im Voraus schon einen möglichen Verlust, bis hin zu den klein machenden Verlustängsten.
Doch, wer gar nicht am Gewinn teilhaben will, wer nie einer von den Gewinnern sein will, betrügt sich selbst.
Dieses Menschwesen gibt sich verloren, weil es sich unterschwellig als "den geborenen Verlierer" prägt.

Die Balance zwischen den Extremen lässt uns die Freude finden, die wir haben dürfen.

Denn das ursprüngliche Motto war einfach:

Spiele Dein Spiel!

Ohne Wenn und Aber wurde spielerisch das Spielfeld des Universum erschaffen. Es gab einfach keine niederschmetternden Verluste, nur immer einen Neubeginn mit einer neuen Chance. Auch heute sollten wir uns diesen übergeordneten Spielgedanken wieder zu eigen machen: **Spielen, um des Spielens willen.**

Den Ausgleich erlittener Schmerzen und Verluste, nach einem Absturz oder auch nach mehreren, lindert lediglich das erneute Aufstehen und das Weitermachen. Nur die Leichtigkeit in der Betrachtungsweise für einen fortwährenden Neustart eröffnet die Welt der 1000 Möglichkeiten.

„Ein neues Spiel, ein neues Glück!" oder „The show must go on!" (Die Show oder die Aufführung muss einfach weitergehen!) - diese Worte bekräftigen den neuerlichen Antrieb.

Durch einmal oder auch mehrmals verlorene Spiele darf sich eine Person in ihrer Aufmerksamkeit niemals so binden lassen, dass sie in Zukunft, aus Angst vor einem weiteren, drohenden Verlust, den Kopf in den Sand steckt.

Nur wer keck und unbeschwert weiterspielt, kann letztlich auch lernen mit den Gewinnen umzugehen.

Die Keckheit hilft uns zudem über alle, wirklich alle Arten von Spielverlusten hinweg zu kommen.

Ständig verinnerlichen wir damit bei uns selbst, als Mensch, den locker leichten Humor, notfalls auch den schwarzen Humor oder den Galgenhumor.

Pure Keckheit
lässt uns auf den Ebenen des „Großen Spieles" aufsteigen.

Sobald eine Person ihren Spielgeist verliert, hat sie verloren!

Wer wissen und möglicherweise selbst erfahren will, was es mit den legendären, „aufgestiegenen" Meistern auf sich hat, sollte das „Große Spiel" des Kosmos, im Universum sowie im Leben, mit all seinen Bedingungen erfassen lernen und sich sehr intensiv mit den Spielebenen auseinandersetzen.

Die sich gegenseitig durchdringenden, miteinander verwobenen Ebenen bilden die Spielbasen.

Die fortwährend wirksamen, dynamischen Kräftebeziehungen, von jeder dieser Spielebenen aus, bestimmen nicht nur unser eigenes Leben sondern unser aller (Er-)Leben in ständiger Wechselwirkung.

„Das Spiel ist der Weg der Kinder
zur Erkenntnis der Welt, in der sie leben!"

Maxim Gorki

„Wer in der Schule nicht spielen lernt,
lernt nicht lernen."

Wolfgang Menzel, Literaturhistoriker

„Der Mensch spielt nur,
wo er in voller Bedeutung des Wortes
Mensch ist,
und er ist nur da ganz Mensch, wo er spielt."

Friedrich Schiller

"Letzten Endes ist Management ein Kodex von
Wertvorstellungen und von Urteilsvermögen.
Und deshalb muss man allerletzten Endes sich
selber treu bleiben.
Was mich zur besten Managementregel führt:
Wähle einen Stil, bei dem Du Dich wohl fühlst,
und bleibe dabei. Du kannst Dir Vorbilder
nehmen, aber versuch bloß nicht, ein anderer zu
sein als der, der Du bist.
Sei Du selber, bleib natürlich, und, verflixt
noch mal, lächle auch hin und wieder!"

Warren Eward Avis
Gründer von AVIS Rent a car

Humor

Im Anschluss an die im vorausgegangenen, aufschlussreichen Zitat dargelegte Denkweise von Warren Eward Avis gelingt es vielleicht besser, sich dem „schwierigen" Thema Humor zu nähern.

Hierzu zitiere ich erst einmal ein paar kluge Köpfe:

**„Humor ist nicht erlernbar.
Neben Geist und Witz setzt er vor allem ein
großes Maß an Herzensgüte voraus, an Geduld,
Nachsicht und Menschenliebe."**

Curt Goetz

**„Wesentliche Dinge im Leben
sind nicht zuletzt der Humor
und die Fähigkeit, über sich selbst zu lachen."**

Yehudi Menuhin

**„Gibt es schließlich eine bessere Form
mit dem Leben fertig zu werden,
als mit Liebe und Humor?"**

Charles Dickens

Die folgende, gängige Formulierung, geradezu wie eine Definition wirkend, wird dem deutschen Schriftsteller Otto Julius Bierbaum zugeschrieben, ein Journalist, Redakteur und Librettist (er ist auch unter den Pseudonymen Martin Möbius und Simplicissimus bekannt):

„Humor ist, wenn man trotzdem lacht."

Diese Worte besagen schlicht: Lacht einfach über Etwas oder über Jemanden obwohl es eigentlich gar nichts Humorvolles daran gibt.

Und nun noch dieses geradezu weise Wort:

„Wer zuletzt lacht, lacht am besten!"

Hierbei scheint der spielerische Humor mit dem Attribut Geduld verknüpft zu werden.

Der Humor bezeichnet anscheinend die wunderbare Begabung, bei anderen ein frohes Lachen hervorrufen zu können oder selbst über etwas lachen zu können.

Was aber hat Humor eigentlich mit dem Lachen gemeinsam? Genügt nicht auch ein Lächeln oder ein Grinsen oder so? Vielleicht reicht es sogar aus, wenn man in sich hinein schmunzelt?
Vielleicht genügt es!? Jedoch ein schallendes Lachen befreit den Körper und das Denken von allerlei Verspannungen.
Ein offen gezeigtes, freimütiges Lachen offenbart mehr von einem Menschen als so manches Wort.
Auch werden mit dem Lachen Emotionen freigesetzt. Ähnlich wie beim Weinen (auch beim Lachen können sich Tränen lösen), beim Niesen oder beim Gähnen lösen sich emotionale Barrieren. So gelingt es tatsächlich eine Person wieder ins HIER und JETZT zu bringen. Selbst ein dümmliches oder unpassend wirkendes Lachen ist besser als gar kein Lachen.
Sogar mit Lach-Yoga, einer besonderen Art und Weise fast schon unter „Zwang" zu lachen werden Effekte erzielt, die den beteiligten Menschen gut tun.

Ist es ein Zeichen von Humor, wenn jemand gut Witze erzählen kann? Eventuell gehört ebenso die Fähigkeit dazu, mit Zynismus und Sarkasmus Leute aus der Reserve zu locken, ihnen ein Lachen abzuringen!?
Ironie, Spott und Zynismus sind jedoch Denkweisen zur Destruktion. Sie können zur Eskalation von verbaler Gewalt führen.

Marcus Fabius Quintilianus, ein römischer Lehrer der Rhetorik, bringt so eine Denkweise auf den Punkt, indem er frotzelnd, herausfordernd meint:

„Lieber einen Freund verlieren als einen Witz!"

Dieses schräge Motto mag so manches gezwungene Lachen meinen. Daraus lässt sich aber eben kein Humor ableiten. Hier wird offenbar etwas verwechselt!

In der Akzeptanz makaber anmutender Situationen, lässt sich wohl kaum Humor darstellen.

Im besten Falle sprechen wir dann gerade noch vom so genannten „Schwarzen Humor".

Hinterhältige Witze auf Kosten anderer, vor allem auf Kosten von Minderheiten oder bestimmten Personengruppen, wie Blondinen oder Ostfriesen, sollten wir auch aus unserem gesunden Verständnis für Humor ausklammern.

Als besonders humorvoll werden allerdings gemeinhin jene begabten Personen bezeichnet, die andere Menschen zum Lachen bringen können, indem sie häufig lustige Aspekte von Situationen zum Ausdruck bringen.

Ein ziemlich krasses Beispiel finden wir in der Überlieferung:
Der persische Eroberer Xerxes I. droht 480 vor Christus, bei der Schlacht um die Thermopylen: „Ich habe so viele Bogenschützen, dass ihre Pfeile die Sonne verdunkeln werden!"

König Leonidas von Sparta lässt darauf, im Angesicht der drohenden Niederlage, antworten: „Umso besser – dann kämpfen wir im Schatten!"

Komödie, Comedy, Slapstick, allerlei Spaß und dergleichen, all dies läuft unter dem Vorzeichen des Humors.

Humor ist zudem der einträgliche Geschäftszweig von Humoristen, Komikern, Comedian und Kabarettisten.

Sie versuchen uns gewerblich oder freiberuflich damit zu erheitern.

Humor hat offenbar sehr viele Facetten. Die große Vielfalt der Anlässe und Zielrichtungen des Lachens, spielen dabei eine Rolle.

Es ist jedenfalls noch keine umfassende Theorie zum Thema Humor entwickelt worden. Vielleicht ist das Wissensgebiet nicht ernsthaft genug.

Der Psychiater Sigmund Freud meint zu humoristischer Einstellung, sich selbst oder anderen gegenüber:

„Sie beruht darauf, dass die Person des Humoristen den psychischen Akzent von ihrem Ich abgezogen und auf ihr Über-Ich verlegt hat.

Diesem so geschwellten Über-Ich kann nun das Ich winzig klein erscheinen, seine Interessen geringfügig.

Der Humor ist demnach der Beitrag zur Komik durch Vermittlung des Über-Ichs."

Der Humor wird von ihm erkannt, an der Konstruktion eines anscheinend oder offenbar unangemessenen, nebensächlichen Standpunkts beim Ich oder einer unzulänglichen Verhaltensweise in der Situation einer Gefahr, des Scheiterns oder der Niederlage.

Die Unangemessenheit wird sprachlich oder im Verhalten gewollt inszeniert und die Gefahr auf eine fadenscheinige Weise umspielt.

Wenn man näher hinsieht, dann verbindet Humor Schwäche und Stärke auf eine eigentümliche Art und Weise. Somit empfinde ich das Folgende als besonders wichtig:

Ein Lachen ist nur dann Humor, wenn es in einer Situation der Gefahr oder des Scheiterns auftritt, sich nicht gegen Dritte richtet und zumindest eine kleine Hoffnung auf die Überwindung der Krise vermittelt.

Auch schneller, kurzzeitiger Spaß wird in unserer ach so tollen Spaßgesellschaft immer wieder angestrebt.

Doch was bringt es den „spaßigen" Typen letztendlich anderes, als einen schweren Kopf nach einer durchzechten Nacht.

Es handelt sich wohl eher um den Tanz auf dem Vulkan, mit der kitzlig reizvollen Aussicht auf einen baldigen Ausbruch, der dann dem ganzen Spuk ein grausiges Ende setzt.

Der Adrenalin-Kick, der hier angestrebt wird, hat mit wahrem Humor reichlich wenig gemeinsam.

Die Heiterkeit eines schönen Morgens bringt Menschen viel eher in eine heitere Stimmung.

Auch beschwingte Musik und Tanz, ein schmackhaftes Essen oder Sex mit einem geliebten Wesen, können angenehme, gute Erlebnisse sein und wohlig heitere Gefühle vermitteln.

Ist diese Art von Heiterkeit die Triebfeder für einen Humor, mit dem wir dann übereinstimmen können oder sollten?

Mir gefällt die folgende Definition besonders gut, sie passt geradezu perfekt zur atalantischen Vorstellung vom „Großen Spiel":

Humor ist die Begabung eines Menschen, der Unzulänglichkeit der Welt und der Menschen sowie den alltäglichen Schwierigkeiten und Missgeschicken mit heiterer Gelassenheit zu begegnen.

Heutzutage sollte vor allem von führenden Persönlichkeiten erwartet werden, dass sie Unzulänglichkeiten dieser Welt auch heiter betrachten können. Deren Vorbildfunktion würde nämlich auch die Wesen ihrer Umgebung beflügeln.

Erst die bewusste, absichtsvolle Übernahme persönlicher Verantwortung in der gelebten Leichtigkeit sowie die per Vernunft begabte Orientierung gibt TAO, hier uns als Menschwesen, die Eigenständigkeit und damit die Freiheit zurück.

Noch ein paar Worte zum „Großen Spiel" des Universum sowie des Lebens:

Vergiss bitte niemals: Wir befinden uns in einer geistig kosmischen sowie einer physisch universalen Spielsituation.

Daher deutlich die Aufforderung: Spiele dieses „Große Spiel" tatsächlich immer als großes Wesen, im BewusstSein desselben.

Nimm niemals zu ernst was in Wahrheit nur ein Spiel zu sein hat, denn:

Übertriebene Ernsthaftigkeit ist tödlich!

Achte bitte genau auf die Spielregeln, mit denen Du gerade umgehst oder in die Du soeben eingebunden bist oder zu sein scheinst. Bedenke hier bitte, verrückte Spielregeln machen auch die besten Spieler verrückt!

Jedes Spiel hat seine Grenzen. Versuche diese Grenzen vernünftig einzuhalten damit das Spiel nicht zu sehr ausufert!

Und: Deine Gegenspieler sind nicht wirklich Deine Feinde. Nicht wirklich! Es sind einfach nur mitmenschliche Wesen, die das Spiel ebenfalls spielen und dabei gegebenenfalls sogar gewinnen wollen.

Manche von ihnen beachten die Regeln leider nicht und andere überschreiten die Grenzen. Dennoch solltest Du, der Du weißt was richtig ist, Dich nicht von derartigen Gegenspielern zu unüberlegten Taten verleiten lassen.
Diese Deine Mitmenschen bedürfen lediglich besserer, vielleicht angemessenere Bedingungen. Damit wird dann deren Wille gestärkt, um auch wieder korrekt mitzuspielen.

Mit Bildung und Ausbildung, der Aufklärung über die vernünftigen Bedingungen im Spiel, lassen sich auch kriminelle, entgleiste Menschen meistens zurück auf den rechten Weg führen.

Über das, über die bloße Toleranz hinausgehend, Verständnis erschafft man Mitmenschlichkeit mit Verstehen, Einsicht und Respekt für bessere Spielvoraussetzungen.

Außerdem ist eine effektive, dem guten Verständnis und dem Verstehen dienende, mentale Kommunikation, das beste Lösungsmittel für alle von Menschen geschaffenen Probleme und Herausforderungen dieser Welt.

Unabdingbare Bestandteile von Spielen

Ohne all diese Bestandteile gibt es kein Spiel. Beim Fehlen auch nur eines Bestandteils wird das Spiel verrückt.

Alle Spiele haben Bedingungen, die vor Urzeiten angelegt wurden. Die Spielgeister der „ersten Stunden" haben irgendwann darin übereingestimmt, dass sich Spiele so oder so ähnlich abzuspielen haben. Jedoch, im Laufe der Äonen veränderten und ergänzten sich die Spielbasen immer wieder.

Beispielsweise wurden Spielfelder und Grenzen erst interessant als wir begannen Aspekte zu bilden und das Universum aufzuteilen (Spielebene 6).

Der Begriff „Gegner" wurde erst ab der Spielebene 5 wirklich wichtig. Mit der Kreation von Lebewesen entwickelte sich erstmals der Kampf ums Überleben. Fressen oder gefressen werden bedeutete, zugleich die direkte Gegenüberstellung bei der Erhaltung von Lebendigkeit im Gegensatz zu Sterben und Tod.

Die verschiedenen nachfolgenden Ebenen erforderten weitere Bestandteile, um Spielverläufe auf den jeweils neuesten Stand zu bringen.

Aus heutiger Sicht ergeben sich die nun folgenden, unabdingbaren Bestandteile.

Spielfelder – Grenzen – Spielregeln - Gegner – Ziele - Absichten

01) Spielfelder

Obwohl wir ursprünglich alle das große Spielfeld, genannt Universum, geschaffen haben, sind unsere heutigen Felder sehr viel kleiner geworden.

Zur Zeit spielen wir nicht einmal mehr auf dem gleichen Spielfeld.

Betrachtungsweisen sind häufig ursächlich für die Beschaffenheit sowie die Größenordnung von ganz persönlichen Spielfeldern.

Deshalb sollten wir uns darüber klar sein: Im Miteinander müssen wir uns immer auch darauf einstellen, dass Mitmenschen in ganz anderen Interessengebieten unterwegs sind als man selbst.

Erst der kommunikative Konsens wirkt wieder etwas verbindender und sorgt für Übereinstimmungen.

Zudem sind die Spielfelder, die in den Vorstellungswelten verschiedener Leute existieren, unterschiedlich gestaltet.

Während für den einen der ganze Planet zum Spielfeld geworden ist, kann sich das Spielfeld eines anderen gerade mal im Inneren seines Körpers befinden.

Globalisierte Wirtschaft und Politik sind bezeichnend für das Spiel von Leuten mit dem Streben nach großen Spielfeldern aber auch mit Machtstreben.

Bei den verschiedenen chronischen Krankheit reduziert sich das Spielverhalten auf den eigenen Körper.
Dies ist im allgemeinen bei gewöhnlichen Allergien ebenso der Fall wie besonders bei Hypochondrie bis hin zu schwerwiegenden Erkrankungen wie Krebs.

Je kleiner und einengender ein Spielfeld wird, sowohl physisch als auch mental, desto unfähiger fühlen sich die Leute darin.

Menschen versagen bei der Handhabung von Problemstellungen einer selbst geringfügig größerer Größenordnung als es die jeweilige Betrachtungsweise ihres eng gefassten Denk- und Vorstellungsrahmen von einem Spielfeld zulässt.

02) Grenzen

Jedes Spielfeld hat in irgendeiner Art und Weise begrenzt zu sein. Manche Spiele sind physisch begrenzt, andere Grenzen spielen sich nur im Verstand ab, in der Vorstellung der Leute.

Grenzenlose Spiele werden ganz schnell ausufernd oder aufgrund der Uferlosigkeit einfach träge und langweilig. Die spielenden Personen beginnen dann damit, sich Grenzen zu suchen oder selbst welche zu erschaffen.

Eine solche „unbegrenzte" Person, jemand der meint allein auf der Welt zu sein oder der denkt, alles müsse sich nur um ihn drehen, stößt oftmals ganz gehörig irgendwo an und fügt sich und / oder anderen Schmerzen und Schäden zu.

Beispielsweise stecken Kinder ihre Grenzen dann selbst ab, wenn ihnen von „grenzenlosen" Eltern oder Erziehungsberechtigten keine solchen Begrenzungen aufgezeigt werden.
Zumeist treten die Schwierigkeiten dann auf, wenn sich Leute, mit einer „Laissez-faire"-Erziehung (aus dem Französischen für: „einfach laufen lassen"), in die Gesellschaft hinaus bewegen und von dieser eingegrenzt werden.

Diese Erziehung, ohne brauchbare Begrenzungen, stößt auf eine Welt, die von Grenzen nur so wimmelt.

03) Spielregeln

Auch Spielregeln geben Grenzsituationen an, wenn es per Gesetz oder Verordnung heißt: „Bis hier hin und nicht weiter!"

Dabei heißt es:

Vernünftige Spielregeln schaffen vernünftige Spiel-situationen und Spieler.

Hingegen:

Unvernünftige Spielregeln schaffen verrückte Spiele und irre gemachte Mitspieler und / oder Gegner.

Bei allzu verrückten Regelwerken, von selbst nicht ganz „normalen" Leuten oder von Burschen mit entsprechend fiesen Absichten erdacht, werden die Spieler entweder selbst verrückt gemacht, indem sie versuchen sich irgendwie diesen Regeln anzupassen, oder sie begehren als Rebellen dagegen auf.

Beengende, allzu dogmatische Regelungen, wie sie beispielsweise in überzogen bürokratischen oder diktatorischen Staaten (was letztlich auf das gleiche hinaus läuft) vorkommen, lassen die Bürgerschaft verrückt werden oder eben rebellieren.
Wenn wir uns den Gesundheitszustand von Gesellschaften anschauen, so können wir daran ablesen wie krank oder gesund die Gruppierung ist.
Das Regelwerk selbst oder die Umsetzung der Vorschriften wirkt krank machend. Insbesondere die Häufigkeit von Krankheitserscheinungen psychosomatischer sowie geistiger Art, mit denen die Leute leben müssen.

Die Frage: „Bin ich verrückt oder sind es die anderen?", kann manchmal ganz einfach geklärt werden, wenn man sich anschaut, mit welcher Art von Regelungen man sich gerade herumschlagen muss. Solange man sich übrigens diese Frage noch stellen kann, ist man sehr wahrscheinlich noch urteilsfähig, im Gegensatz zum Sy-stem, das von Verrücktheiten durchdrungen ist.

Das Verrücktsein, das verrückte, zur Seite gerückte Dasein, löst sich häufig ganz schnell auf, sobald andere Spielregeln eingeführt werden - vorausgesetzt dies ist von den Machthabern erwünscht.

04) Gegner

Erst der Einsatz von mehreren, zwei oder mehr Personen, Gruppen oder Parteien, die entweder gegeneinander antreten oder miteinander spielen, bringt erhöhtes Risiko, Emotionen und Anreize ins Spiel.

Für einen „gesunden" Spielverlauf sollten als Gegner immer Leute oder Gruppen auftreten, die man nicht selbst ist.

Sobald man sich selbst zum Gegner kürt, wirkt das Spielgeschehen krank machend bis tödlich für einen selbst.

Fremde wirken von außerhalb des eigenen Wirkungskreises in den Ablauf des Spieles ein.

Damit sind im Normalfall aber keineswegs irgendwelche Irren oder kriminelle Leute gemeint, die Spielregeln absichtlich missachten und so einwirken, wie es ihnen gerade in den Kram passt.

So macht es beispielsweise ganz sicher keinen brauchbaren, spielerisch zu nennenden Sinn, geschweige denn, dass es fair wäre, Spieler mit Gift zu schwächen, nur, weil man auf die gegnerische Person einen hohen Betrag gesetzt hat oder weil es gut fürs Geschäft ist.

Ausgerechnet in solchen wahnsinnig machenden Spielsituationen, mit vielen unberechenbaren Unbekannten, stecken wir derzeit auf diesem Planeten. Genau so arbeitet nämlich sowohl die Drogen- als auch ein Teil der Ernährungswirtschaft auf der Erde.

Wir werden laufend von unsichtbar bleibenden Kräften manipuliert, die noch nicht einmal zu den offensichtlichen Gegnern zählen, denen wir sowieso gegenüber stehen.

Auch unser krank machendes „Gesundheitssystem" ist so eine undurchsichtige Situation, bei der wir beständig in einem latenten Krankheitszustand gehalten werden.

Teile der Nahrungsmittelindustrie arbeiten nämlich Hand in Hand mit der Pharmazie und diese wiederum mit abhängig gemachten „Heilern", Ärzten und Krankenhäusern (kranken Häusern).

Haben Personen sowie Familien oder Gruppen keine realen, äußeren Gegenspieler oder richtig wichtige Herausforderungen, so beginnen sie sich doch tatsächlich im inneren Kreis nach Gegnerschaft umzusehen.

Können sie äußere Gegner nicht erreichen oder vermeiden sie aus Angst vor Schmerz oder Verlusten die Konfrontation mit jenen, zerfleischen sie sich intern.

Innerhalb von Gruppierungen, wie in Vereinen, in Büros von Firmen und Parteien, bis zu Staatsorganen sowie Königshäusern nehmen Intrigen, Mobbing, interne Streitigkeiten und vielerlei Machtkämpfe zu, sobald die Gegner im Außen fehlen.

Solcherart Kleinkriege können Organisationseinheiten völlig zermürben, schließlich zerstören.

Lebensgefährten gehen sich in Familienverbänden gegenseitig mehr und mehr auf die Nerven. Sie betreiben dann den berühmt berüchtigten, angeblich so "normalen" Partnerschaftskrieg, wenn von außen keine anderen Anforderungen auf sie zukommen.

Bei gemeinsam angestrebten Zielen, wie dem Gründen und Erweitern von Familien, Hausbau und ähnlichem besteht kaum eine solche Gefahr.

Zumindest nicht, solange diese Projekte geplant und durchgeführt werden.

Sogar eine Einzelperson erschafft in sich selbst Gegenspieler; dies geschieht zuerst im Verstand und kann schließlich bis in ihren eigenen Körper hinein reichen.

Paranoia, Hypochondrie und Krebs sind typische Beispiele für die Erschaffung von internen Gegnerschaften, von Kriegsgeschehen im Inneren, im eigenen Körper.

„Gegner bedürfen einander
oft mehr als Freunde,
denn ohne Wind gehen keine Mühlen.“

Hermann Hesse

05) Ziele

Niemand kann wirklich gewinnen, wenn von den Spielern nicht klar definiert werden kann, wohin ein Spiel steuert und bei welchem Ziel es eigentlich beendet ist.

Zielloses Spielen bringt keine Ergebnisse.

Vorgesetzte oder führende Personen, die keine Ziele vorgeben, werden Menschen als Mitarbeiter haben, die sich im ziellosen Schwebezustand befinden.

In diesen Gruppierungen, die ohne Zielvorgaben operieren, macht sich zwangsläufig Verwirrtheit breit. Mitspieler wenden sich intern genauso gegeneinander wie bei den gegnerlosen Spielen.

Das Spiel fällt über kurz oder lang auseinander. So verlieren Leute ihre Jobs und Firmen gehen pleite.

Ohne Zielvorgaben tritt Langeweile ein. Die Leute suchen sich entweder eigene Ziele oder sie vertreiben sich die Zeit mit kurzweiligen Kicks. Diese Kicks gipfeln dann bei einigen Leuten in Süchten. Im Suchtzustand bewegen sich Menschen aber immer weiter weg von echten Zielen und werden schließlich unfähig ein Spiel zu haben.

Im Umkehrschluss kann zumindest leichteres Suchtverhalten aufgelöst werden, wenn Zielvorgaben gesetzt werden. Diese müssen nicht unbedingt etwas mit der Sucht zu tun haben.

Ziele lenken aber von der Sucht ab und machen somit frei davon.

Am Ende eines ziellosen Lebens steht unweigerlich der frühe Tod. Etliche Menschen, die ziellos von ihrem Arbeitsleben in die Rente übergegangen sind, könnten ein Lied davon singen.

**„Der Langsame,
der sein Ziel nicht aus den Augen verliert,
geht noch immer geschwinder,
als der ohne Ziel herumirrt."**

Lessing

06) Absichten

Die Absicht des Spielens sollte immer das Spielverhalten selbst sein.
Absichtsloses Spielen bringt nur Verlierer hervor.

Die vorrangige Absicht des Spielens sollte jedoch niemals das Gewinnen sein. Beim Spielen ist sehr viel wichtiger: Das Spiel zu spielen!

Wir sind als Spielgeister angetreten, ohne daran zu denken, gewinnen zu wollen oder zu müssen. Jeder Augenblick des Spiels ist wertvoll als spielerische Nuance. Das Spielen im vergnüglichen Miteinander bringt den Kick von ganz alleine.

Im Rahmen dieser Absichten sollte allerdings bei einem vernünftigen Spiel die grundsätzliche **Möglichkeit des Gewinnens oder einer Verbesserung** angelegt sein.

Von vorne herein oder schon nach kurzem aussichtslose Spielsituationen machen das Spielgeschehen ganz schnell zu einem Ablauf ohne Chancen, damit uninteressant.

Der Spielgeist wird nicht nur nicht angeregt, er wird regelrecht zerstört.
Erst, wenn Personen die Möglichkeit gegeben wird, mit entsprechender Absicht sowie mit etwas Übung, tatsächlich Ursache über ein Spiel sein zu können, werden sie sich auch gut dabei fühlen.

Der Spaß im Spielverlauf geht immer dann verloren, wenn sich jemand übermächtig von fremden Absichten gesteuert fühlt.
Eine Person, die sich in einer ständigen Wirkungsposition befindet, nicht irgendwie auch siegen kann, verliert schließlich die Lust am Spiel.

Ursache und Wirkung im Wechselspiel
von Absichten und Gegenabsichten machen erst
den Reiz eines Spieles aus.

Gegenabsichten werden im Normalfall von anderen, von den Gegnern, an eine Person heran getragen.

Wer allerdings bereits intensive Gegenabsichten in sich selbst trägt, wird es besonders schwer haben die Leichtigkeit eines Spieles als solches zu erleben, geschweige denn es zu gewinnen.

Wir kennen die Aussage:

"Ich habe ständig das dumme Gefühl, mir selbst im Wege zu stehen!"

Deshalb ist der einzige Weg hinaus, der raue Weg durch diese Gegenabsichten hindurch.

Das Zitat aus der Möwe Jonathan (Roman des US-amerikanischen Schriftstellers Richard Bach aus dem Jahre 1970) zeigt auf, wie Absichten zu Realitäten werden:

„Um in Gedankenschnelle zu fliegen, ganz gleich an welchen Ort, musst du schon vor Beginn genau wissen, dass du bereits dort angekommen bist."

07) Zufall? Kismet? Schicksal?

Wo bleiben Glück oder Pech? Wo bleibt die Göttliche Fügung? Warum sollen wir für alles und jedes, was um uns oder mit uns geschieht so furchtbar verantwortlich sein?

Ganz einfach, weil wir ohne Wenn und Aber die Macher sind. Wir heißt hier allerdings nicht die Menschlein. Mit dem „Ich bin" ist das großartige Geistige Wesen gemeint, das jeder von uns in Wahrheit ist.

Darunter verstehe ich TAO: Die Seele über dem physikalischen Dasein.

Selbstverständlich kann jeder so tun, als wäre er nicht dieses Geistig-Göttliche „Über-Ich", doch damit entgeht auch er nie und nimmer der Verantwortlichkeit für sein Leben.

Die Verantwortung abschieben zu wollen, bedeutet sich selbst klein zu machen, sich davon stehlen zu wollen.

Weder der Zufall, mit Glück und Pech im Schlepptau, noch ein vorbestimmtes Schicksal, dem wir uns nicht zu entziehen vermögen, sind Gestaltungselemente unseres Lebens.

Das, was wir als Zufall wahrnehmen, ist eine Fügung, die sehr genau in das Schicksalsgeschehen passt.

Hier liegt dann dem angeblich zufällig vorbestimmten Ablauf ein Plan zugrunde.
Diesen Plan schreibt das Geistige TAO-Wesen, das wir selbst sind.
Jeder fügt selbst Geschehnis an Geschehnis und gestaltet so sein Leben.

Genau das geschieht auch beim Kismet, dem Göttlichen Plan, dem wir Menschen angeblich ausgeliefert sein sollen. Nur, der hier wirkende Gott ist jeder selbst.

Damit obliegt es jedem selbst, seinen Plan auch umschreiben zu können, dadurch Gegenwart und Zukunft neu zu gestalten.

Gefangene von Regelwerken

Jede Form von Verrücktheit (bitte hier nur als das Abrücken von einer so genannten Norm betrachten - niemals als Abwertung ansehen) lässt sich zwischen zwei Polen, sowohl geistig als auch physisch, im Leben festmachen:

1) Völlige Grenzenlosigkeit, diese führt unter anderem zu einem ungezügelten, freizügigen Lebensstil ohne jegliche Bereitschaft zur Anpassung.

2) Totale Einengung, deren supressive (unterdrückerische) Ausprägung äußert sich chronisch in Ängsten, Schmerzen, Depressionen, vielerlei negativen Emotionen und in Zwanghaftigkeit.

Dazwischen erscheinen mehrere abgestufte Varianten bei denen mehr oder weniger Verwirrung auftritt.

Es gibt Menschen die geradezu allergisch auf Regelungen reagieren, auf staatliche Gesetzeswerke ebenso wie auf enge Reglementierungen in Familien, Schulen oder Firmen.

Unter dem Begriff der „Allergie" versteht man im Allgemeinen, so auch hier: Überreaktionen auf einen oder mehrere Reize.

Ganz offensichtlich sind diese Menschwesen gereizt und genervt von der Überflutung mit einer Vielzahl irgendwelcher Regeln.

Sie reagieren insbesondere dann „über", sicher nicht immer zu unrecht, wenn ihnen nicht nur viel zu viele sondern auch noch irrsinnige, unlogische, womöglich mit voller Absicht verrückt machende Regelungen entgegen gebracht werden.

„Du sollst!", „Du musst!", „Du darfst nicht!"; bei einer geisti-gen Überfütterung mit Ge- und Verboten schaltet eine Person auf sture, gefühllose Gleichgültigkeit bis hin zum Verfall in die Ab-stumpfung einer hoffnungslosen Apathie sowohl gegenüber den Regelwerken als auch ihren Erzeugern.

Oder aber, sie beginnt in Worten und Handlungen zu rebellie-ren. Dabei weiß so mancher wütende Rebell noch nicht einmal ge-nau, warum oder wogegen er überhaupt aufbegehrt.

In ihm brodelt lediglich eine enorme innere, energetische La-dung mit negativen Emotionen, die reflexartig aufkochen, um schließlich überzuschwappen.

Häufig geschieht dies leider im falschen Moment oder gegen-über völlig unbedarften Mitmenschen.

Auf diesen Kessel der Emotionen wird oftmals, viel zu lange, der Deckel gehalten, bis der Überdruck sich unkontrolliert Bahn bricht.

„Regeln sind dazu da gebrochen zu werden!", dieser Ausspruch stammt sicherlich von solch einem Rebellen.

Doch, wo ist der Sinn dieser gebrochenen Regeln? Wird da-durch etwa der Spielverlauf vereinfacht?

Ganz im Gegenteil: Regelbrecher werden in all' unseren Gesell-schaften, auf diesem und anderen Planeten, als Spielverderber an-gesehen!

Sie werden üblicherweise als kriminell abgestempelt. Der Regelbruch rächt sich dann in Form von Strafmaßnahmen durch die Schiedsrichter in den Spielen, die Vertreter der Justiz.

Was aber geschieht, wenn eben diese Justiz sich auch nicht an Regeln hält, sich eigene Regeln oder gar willkürliche Freiregeln (die letztlich keine sind!) heraus nimmt?

Was geschieht, wenn die vorgeblichen Vertreter der Rechtsnor-men, die Schiedsrichter, entscheiden wie sie wollen?

Von Recht und Gesetz, sowie den dieses vertretenden Rich-tern, in ihrer vorgeblich unabhängigen Rechtsprechung, erwartet man landläufig als Ergebnis: Gerechtigkeit.

Das heißt:

A) Es darf niemand vorverurteilt werden (schon im Vorfeld als schuldig angesehen, geschweige denn kriminalisiert werden), wenn er noch gar nichts getan hat oder

B) verurteilt werden, wenn keinerlei Schuld bewiesen werden kann und schon gar nicht

C) verurteilt werden, wer nachweislich unschuldig ist.

Geschieht dies dennoch, hat entweder der Gesetzgeber oder die Justiz versagt oder sie verletzen vorsätzlich ihre eigenen Regeln im Spiel.

Während man von einem einfachen Mitspieler noch meinen könnte, er müsse nicht alles wissen, er habe schlimmstenfalls fahrlässig oder grobfahrlässig gehandelt, darf man diese Entschuldigung für Vertreter der Justiz nicht gelten lassen.
Diese, vormals als überparteilich anzusehenden Schiedsrichter, müssen im Normalfalle genau wissen was sie tun, durch ihr Verursachen ebenso wie durch ihr Unterlassen.

Müssen denn die einfachen Mitspieler sich an die Spielregeln halten, wenn sogar ihre Schiedspersonen aus der Reihe tanzen?
Hat ein solches Spiel überhaupt noch die Berechtigung aufrecht erhalten zu werden?
Soll in einem solchen Falle das Spiel von innen heraus zerstört oder einfach ad absurdum, zur untauglichen Lächerlichkeit geführt werden?

Was hieltet Ihr zudem davon, wenn diese eigentlich überparteiliche, unparteiische Justiz alle Menschen erst einmal als grundsätzlich schuldig ansehen würde?

Was, wenn Hüter der Gesetze beispielsweise meinen würden:

„Die Menschen sind alle schlecht und böse, mit der „Erbsünde" vorbelastet. Daher müssen wir ihnen enge Grenzen setzen, um sie vor sich selbst zu schützen!"

Schwerwiegende, physisch und mental auferlegte Strafen verschiedener Arten und fortgesetzte, alltägliche Kriminalisierung, sollen in einem solchen System von vorne herein alle Leute möglichst klein halten.

Quasi ab Geburt (weil bereits ihre Gene darauf hindeuten, dass sie kriminell veranlagt sind!?!), würden Menschen erst einmal als potentiell kriminell angesehen.

Gibt es solche Spiele überhaupt? Ist ein solcher Spielverlauf möglich? Ist er sinnvoll? Hat so ein Spiel tatsächlich die Berechtigung, dass man es weiter mitspielt?

Schaut Euch in den Gesellschaften unseres Planeten gut um und beantwortet Euch diese Fragen bitte selbst!

Vernünftige Regelwerke wirken niemals als vorgefertiges Gefängnis; sie wirken nicht einmal als zu heftige Begrenzung oder Einengung. Solche Regeln machen niemanden verrückt. Sie lassen jedermann genügend Spielraum, um sich selbst im Ablauf des Spieles zu entfalten.

Wer glaubt, es nötig zu haben, sich eigene Regeln machen zu müssen, hat entweder miese Vorgaben oder er hat das Spiel insgesamt nicht begriffen.

Vorausgesetzt, er ist nicht bereits von vorneweg in ein verrücktes und damit verrückt machendes Spiel verwickelt.

Solche Spielvariationen könnt Ihr leider auf Planet Erde zuhauf vorfinden.

Es gibt hinreichend Interessengruppen die nur darauf aus sind, Bewohner dieser Welt in einen latenten (versteckt ruhenden) Zustand von krank machender Verwirrung zu versetzen und darin gefangen zu halten.

In so einem Falle wird es dann geradezu zur Notwendigkeit, sich das Spiel eigenverantwortlich zurecht zu biegen, um nicht selbst irre zu werden.

Bei Spielen allerdings, die regulär vernünftig ablaufen, braucht es keine Leute die auch nur daran denken, aus den Regelwerken aussteigen zu müssen.

Wenn bei so einem Spiel, das vernünftige Spielregeln aufweist, eine Person dennoch nicht bereit ist mitzuspielen, ist sie mit Recht als etwas verrückt (abseits der Norm) einzustufen.

Doch Vorsicht!

Genau mit diesem wichtigen Argument werden in den uns umgebenden Strukturen nicht wenigen Menschen die Freiheiten beschnitten. Dies obwohl viele der heutzutage aufgestellten Spielregeln keineswegs vernünftig sind!

Leute werden mittels dieser Begründung per Justiz und Exekutive genötigt, erpresst, mundtot gemacht, entmündigt; ihnen wird mit voller Absicht die Lebensgrundlage beschnitten.
Sie werden ihrer körperlichen und geistigen Freiheit beraubt und in Anstalten eingeliefert.

Deshalb, wer sich schon jetzt als Gefangener von verrückt machenden Regelwerken fühlt, sollte sich wirklich nicht auch noch gleich selbst verrückt machen und als verrückt abstempeln, geschweige denn abstempeln lassen.
Verhaltet Euch lieb und nett, damit es den Zwangsjackenleuten schwerer fällt Euch mitzunehmen.

Um das Verrücktsein prüfen zu können, ist es wichtig und sinnvoll, immer erst empfehlenswert, nachzuprüfen:

In welcher Umgebung ist die Person aufgewachsen?
In welcher Umgebung lebt die Person derzeit?
Mit welchen Regelungen muss sich die Person gerade herumschlagen?

Als allgemein gültige Formel kann angesehen werden:

Verrückte Regeln erzeugen verrückte Leute!

Je mehr Verrücktheiten in einer Gesellschaftsform auftreten, je mehr Menschen als verrückt eingestuft werden, umso verrückt machender sind offenbar die Umstände, die Regeln dieser Gesellschaft.

Die Menschen reagieren dann logischerweise und spielen auch noch verrückt.

Der Maßstab für eine gesunde Gesellschaft sind gesunde Menschen!

Johann Wolfgang Goethe äußert sich in Wilhelm Meisters Lehrjahre V, 16, folgendermaßen:

„Ich finde die Mittel, vom Wahnsinne zu heilen, sehr einfach. Es sind eben dieselben, wodurch man gesunde Menschen hindert, wahnsinnig zu werden:
Man errege ihre Selbsttätigkeit,
man gewöhne sie an Ordnung,
man gebe ihnen einen Begriff, dass sie ihr Sein und Schicksal mit so vielen gemein haben.“

Würden sich die Staats(un)wesen der Erde einfach daran halten, daran halten wollen, wären viel, viel weniger Menschen von psychischen und/oder physischen Krankheitserscheinungen befallen.

Den Begriff Selbsttätigkeit deute ich hierbei als: Im Leben weitgehend selbstbestimmt tätig sein zu dürfen; möglichst wenig fremdgesteuerte Arbeit verrichten zu müssen.

Geordnete Verhältnisse zu erleben oder sie sich, wenn nötig selbst einzurichten, sowohl räumlich als auch zeitlich, lösen so manche Wahnsinnsgedanken auf.

Zum guten Schluss bewirkt ein hilfreiches Miteinander, beim Teilen von Dasein und Schicksal, sowohl in Freud als auch im Leid, dass sich Menschen gut aufgehoben und besser fühlen.

Leider werden allzu häufig die aufgebauscht bürokratischen Regelwerke dazu benutzt, um Abhängigkeiten zu schaffen, anstatt Selbsttätigkeit, Ordnung und Miteinander zu fördern.

Hier sind die freien Geister gefordert. All die Gefangenen der Regelwerke brauchen Fürsprecher und letztlich Befreier.

Im Zuge von Evolution, nicht Revolution, haben Freidenker die Verpflichtung, zu den unterdrückerischen, krank und unfrei machenden Machtstrukturen ein Gegengewicht zu gestalten.

Mit revolutionsbedingter Gewaltanwendung würde nur wieder eine Bewegung der Gegengewalt erzeugt werden.

Deshalb ist es sinnvoller, sich einfach dem auf Unterdrückung angelegten Machtapparat zu entziehen, indem man ihm keine Handhabe mehr bietet.

Sich das Wissen anzueignen, auf welche Art und Weise man abhängig gemacht werden soll, ist Grundvoraussetzung dafür, sich dem schließlich entziehen zu können.

Spielverderber

**Ein Spiel muss mit Freude gespielt werden
und es „muss" Spaß machen dürfen,
ohne übermäßige, andauernde Anstrengung.**

Spielverderber sind:

Ernsthaftigkeit durch Konservatismus

Langeweile

Verluste

Verletzungen mit Schmerzen

Gefühllosigkeit

Ängste

Traurigkeit und Gram

Apathie und Tod

01) Ernsthaftigkeit

Dass ein Spiel **Freude** bereiten soll und auch **Spaß** machen „muss", haben wir vermutlich alle schon als Kinder erfahren und erlebt.

Die Spiele ohne den wirklichen **Spaßwert** landeten innerhalb kürzester Zeit in irgendeinem Eck und wurden einfach vergessen.

Die Spiele denen ein hoher **Spaßfaktor** beigemessen wurde, ohne dass wir als Kinder wissen konnten was das eigentlich ist, wurden immer und immer wieder gespielt, wenn es möglich war, bis ins jugendliche Alter hinein.

Manche erwachsene Frau spielt noch mit Puppen, mit Miniatur-kaufläden und mit Kuscheltieren und bei vielen Männern ist das Auto sowieso meistens ihr liebstes Spielzeug.

Auch etliche der weit verbreiteten Sportarten sind aus solchen, von tollem Spaß geprägten Spielverläufen entstanden. Leider werden sie mittlerweile als etwas sehr Ernstes angesehen. Dabei lässt uns ausschließlich die **Leichtigkeit** des Geistes im Spiel, die Freude daran empfinden. Sobald Spielverläufe mit zu viel **Konservatismus** und **Ernsthaftigkeit** belegt werden, wirken diese irgendwie verrückt, zumal für außen stehende Beobachter.

Bei Sportarten wie Boxen oder Fußball können wir genau dies erleben. Solche Spiele werden mit der Zeit als Spiele immer uninteressanter, weil der Spielgeist bei den Akteuren, wie bei den Fans verloren geht.

Um erneut hohes Interesse zu wecken werden andere Spielelemente erfunden und beigefügt, die dem Spielgeschehen insgesamt mehr Würze geben sollen. So ist den Fans das Erlebnis, in den Hexenkesseln der Stadien, immer wichtiger geworden, als das Spiel selbst.

Dieses Erleben ist mittlerweile ausgeufert. Es hat gewalttätige Hooligans hervor gebracht. Die wirklichen Spiele finden jetzt auf der Straße und in den Kneipen statt.

Die Ernsthaftigkeit bringt eine Schwere in das Spiel, die dem Spielgeist völlig widerspricht, der aus dem leichteren Gefühl heraus lebt.

Die Ernsthaftigkeit in Form von Konservatismus ist der Einstieg in den Absturz. Konservativ denkende Menschen vertreten unter anderem das lediglich bedingt brauchbare Motto: „Leben und leben lassen!"

Sie meiden damit das Außergewöhnliche, das spielerische Erleben mit Spaß. Sie gönnen es aber auch den Mitmenschen nur bis zu einem gewissen, von ihnen selbst vorgegebenen Grade.

Deren zuviel an Umsicht und Vorsicht ist ihr letztlich tödlich wirkender Leitfaden, mit dem sie durch ein irgendwie uninteressant gewordenes Leben geistern.

Auch Beziehungen leiden darunter. Sie sterben im Strudel des ernsten Denkens. Mit übertriebenem Sicherheitsdenken, einem unterstützend lähmenden Bruder der Ernsthaftigkeit, geht die Risikobereitschaft verloren.

Diese Bereitschaft zum Risiko ist aber ein unabdingbar wichtiger Spielfaktor. Das Spontane wird von übertrieben ernsthaften Leuten unterdrückt, indem sie allzu intensiv an einmal aufgestellten Dogmen festhalten.

Unter dem Deckel eines kochenden Topfes, den sie glauben ständig festhalten zu müssen, brodeln oft ganz andere Emotionen. Diese drängen dennoch mit Macht irgendwann empor.
Die Frage ist nur: Sind es positive Gefühle oder ist ein Absturz ins Negative zu erwarten?

Wer sich zu sehr an das Althergebrachte klammert, kann keine neuen Spielzüge erfinden. Denn bedenke:

Wer mit beiden Beinen fest auf der Erde steht, kommt keinen Schritt vorwärts!

Die Fähigkeit zum Wandel, in ständig neu erschaffender Kreativität, eine weitere herausragende Eigenart des ursprünglichen Spielgeistes, bleibt bei zu ernstem Konservatismus auf der Strecke. An die Ernsthaftigkeit schließen vielerlei andere Spielverderber an. Sie sorgen dann ebenfalls dafür, dass der Spaß am Spielen mehr und mehr entschwindet.

02) Langeweile

Im Zustand der **Langeweile** sind Spielereien nicht mehr wirklich wichtig. Die Spannung, der Reiz am Ziel, am Spielerfolg, ist verloren gegangen.
Weder die eigene Teilnahme am Spiel, noch der Anschluss an außen stehende Fans oder an Zuschauer ist für geradezu chronisch gelangweilte Menschen nicht wichtig genug. Damit können solche Leute nicht mehr übereinstimmen.

Hierzu fehlt den Langweilern die nötige, auch nur oberflächliche Begeisterung. Davon sind sie weit entfernt.

Weder die Spieler noch deren Gegner sind für solche Langweiler von Wichtigkeit und irgendwie nicht einmal real vorhanden.

Um eine herausragende Rolle als Held oder Kämpfer einzunehmen, fehlt ihnen sowieso der Plan, wofür das eigentlich gut sein soll.

Die Aktivitäten und Initiativen, das mitwirkende Tun, die notwendigen Beiträge zu einem Spielgeschehen, ersterben im fortgesetzt müden Verweilen an einer Bar oder beim Zurücklehnen im Fernsehsessel.

Die modern gewordenen, virtuellen Internet-Aktivitäten sind wie für Langweiler geschaffen. Da muss man nämlich für seine vielleicht mörderischen (Un-)Taten keine direkte Verantwortung übernehmen. Der Bezug zur Realität scheint nichts mit dem Ablauf im Gerät zu tun zu haben.

Wohlgemerkt „scheint", denn in Wirklichkeit trägt der virtuell verarschte Spieler die Gedankenwelt ständig bei sich. Der Langweiler entzieht sich dadurch immer mehr seiner wirklichen Umgebung. So wird er häufig auch Opfer von anderen, abhängig machenden Süchten.

03) Verluste

Eine der häufigsten Ursachen für eine gründlich verdorbene Spiellaune ist der herbe **Verlust** von etwas oder von jemandem.

Verluste treten insbesondere bei Spielen auf, in denen es darum geht, unbedingt gewinnen zu wollen oder zu müssen (zuviel Ernsthaftigkeit).

Eine andauernde Unterlegenheit darin gegenüber all den anderen, führt schnell zu einem Gefühl der Ohnmacht.

Denn, wenn die Gegner zu übermächtig geworden sind, man nicht auch ab und zu einmal gewinnen kann, bekommt man mit der Zeit den deutlichen Eindruck von persönlicher Unfähigkeit.

Diese Chancenlosigkeit verletzt das Ego; es kann regelrecht schmerzen. Der persönliche Stellenwert sinkt und das Vertrauen in die eigenen Fähigkeiten wird extrem geschmälert.

Menschen mit zu vielen Verlusten im Gepäck, glauben nichts mehr wert, nicht wertvoll genug zu sein.

Zu viele und zu schwerwiegende Verlustsituationen verleiden gründlich die Lust am Weitermachen. Das Spiel selbst wird als schwierig, undurchsichtig und damit ebenfalls als wertlos betrachtet.

Sollten solche Menschen doch noch nicht ganz aufgegeben haben, kommt sicher erhebliche Anstrengung ins Spiel.

Man fühlt sich jetzt genötigt (noch mehr Ernsthaftigkeit) sowohl den Gegnern als auch den Mitspielern sowie den übrig gebliebenen Fans zu zeigen, dass man es doch noch drauf hat.

Selbstverständlich will so jemand dem eigenen, inneren Schweinehund in einer Weise paroli bieten, die zeigt, wer der Chef im Ring ist.

Eine letzte Anstrengung ist automatisch zum Misserfolg verdammt, wenn man nicht bewusst akzeptiert hat, dass nur die geistig geführte Leichtigkeit des Seins mit einer gehörigen Portion Humor („Humor ist, wenn man trotzdem lacht!"), Verluste tatsächlich ausgleichen kann.

04) Verletzungen mit Schmerzen

Die körperlichen oder geistigen **Verletzungen**, sowohl bei Sportlern als auch im Thema der Arbeit, im Umgang mit den Lebenspartnern sowie mit verschiedenen anderen Menschen, wirken sich als Vermeidungshaltungen aus.

Schmerzen die schon irgendwie chronisch geworden sind, sorgen dafür, dass einmal „gebrannte" Menschen, vor all den Spielsituationen zurückschrecken, die der ehedem verletzenden Situation in irgendeiner Weise ähnlich erscheint.

Wer oder was einmal zu schmerzhaftem Erleben beigetragen hat oder dem Er oder Es irgendwie ähnlich ist, wird künftig aus dem Plan des Lebens verdrängt, einfach blockiert und damit ausgeschlossen.

Schmerzhafte Verletzungen führen zu einem mehr oder minder herab gesenkten Bewusstsein bis hin zu Bewusstlosigkeit. Zugleich stellt sich körperlicher sowie geistiger Stress ein. Diese Stressinformation wird dann dauerhaft im Zellsystem gespeichert.

Schmerzhafte Verletzungen versetzen den, bis dahin aktiven Spieler aus seiner Ursächlichkeit in eine Wirkungsposition. Er wird somit eher zum Spielball seiner niederen Emotionen.

Statt wahrhaft ursächlich spielen zu können, werden die Menschen von äußeren Einflüssen gespielt.

Das Schicksal, Kismet oder der unberechenbare Zufall spielen, bei den Leuten mit Verletzungen im Leben, eine herausragende Rolle.

Alle Arten von Fremdsteuerung werden gerne angenommen, denn darauf kann man schieben, wenn wieder einmal etwas schief laufen sollte.

05) Gefühllosigkeit

„Mir ist alles egal!", sagt der gefühllose Eisberg. Alles egal heißt: Es fühlt sich alles irgendwie gleich an.

Die Unterschiede verschwimmen, sie lassen sich nicht so wirklich wahrnehmen. Heiß könnte auch kalt sein. Auch ob etwas besonders gut schmeckt kann dieser Mensch nicht beurteilen.

Höhen und Tiefen im Leben sind nicht bedeutsam. Wichtig erscheint nur, dass sich nichts gravierend verändert. Und wenn, ist es auch schon wieder „wurst", sprich egal.

Das Erleben beziehungsweise das Nichterleben des Gleichgültigen bestimmt das Leben dieser Leute, die sich und ihre Gefühle hinter einer Eismauer verbergen.

Alle Mitmenschen, die dem Leben gegenüber aufgeschlossenen sind, die diesen Personen zu nahe kommen, werden sofort geblockt.

Es ist als würden diese Leute ohne Emotionen, den Virus des Erlebens fürchten. Die Eismauer oder der deutlich spürbare, eisige Schleier, der solche Menschen umgibt, lässt andere zurückweichen. Diese Menschen signalisieren unmissverständlich, allerdings nicht bewusst: Ich erzeuge einen Schutzwall. Ich bin abstoßend und furchterregend.

Deren Lebensstrom mündet letztlich in einer selbst verursachten, emotionalen Einsamkeit. Dadurch wird ihre Spielsituation ausgesprochen eng und schwierig, somit wenig vielversprechend.

Sogar Vergangenes und Gegenwärtiges sind gleichbedeutend mit Zukünftigem. Die Gleichgültigen können nämlich ihre Vergangenheit nicht loslassen, haben in der Gegenwart keine brauchbare Basis zum Leben und sie planen ihre Zukunft nicht. Das Planen nach Terminen ist sowieso nicht ihre Sache.

06) Ängste

Sobald die **Ängste** vor erneuten Verlusten sowie vor Verletzungen und vor dem Versagen zunehmen, steigern sich Angstzustände zu **Panik**.

Allgemeine Lebensängste rufen womöglich eine überaus heftige, vom bewussten Sein (Bewusstsein) unkontrollierbare Enge hervor, bis hin zu Depressionen.
Das an sich völlig normale Spielgeschehen, das um diese von Angst erfüllten Leute herum geschieht, wird als enorm bedrohlich empfunden; denn es ist für die Ängstlichen nicht zu beeinflussen und ohne absehbares Ende.

Die für alle anderen Menschen relativ unproblematischen, ebenso relativ einfach lösbaren Lebensumstände, wirken für die Menschen mit heftigen Lebensängsten plötzlich gefährlich, übermächtig, furchtbare Angst einflößend.
Die sonst üblichen Spielsituation des Lebens und des Erlebens, bis hin zu denen des Überlebens, werden nicht mehr als solche wahrgenommen.

Bei solch fürchterlichen Lebensumständen, befindet sich der Mensch mit Angst und Panik mittlerweile in einem außerordentlich überwältigenden Zustand von stark herab gesenktem Bewusstsein.

Der ursprüngliche Spielgeist hat so gut wie keine Chance mehr, sich dazu zu schalten, um dem Spielgeschehen eine neue Wendung zu geben.

Ohne fremde Hilfe, von Wesen mit guten Absichten, sind die von Angst erfüllten Menschen, den überhöht gefährlichen Lebenssituationen hilflos ausgeliefert, die ganz speziell für sie keineswegs spielerisch wirken.
Für sie handelt sich nur dieses Angstmachende um die Realität und es existieren fortgesetzt nur Bedrohungen.
Die daraus erwachsenden Ängste und Panikzustände sollten, ihrer Ansicht nach, von allen anderen Menschen auch so gesehen und nachvollzogen werden.

Das Spiel der Leute mit Lebensängsten gipfelt in allerlei chronisch gewordenen sowohl physischen als auch psychischen Krankheitserscheinungen sowie den Tendenzen sich verstecken zu müssen. Sie nehmen sich in allem zurück, weil ja die Gefahr bestehen könnte, von allem und jedem angreifbar zu sein oder wirklich angegriffen zu werden.

07) Traurigkeit, Gram

Das Spiel verderbende Lebensängste können ganz schnell dazu führen, dass die Person ihren Spielgeist total aus den Augen verliert und in **Trauer** und **Gram** versinkt.
Der mit den Tränen der Traurigkeit verschleierte Blick dringt so nicht mehr nach draußen.
Das Leben gleitet an den traurigen Leuten vorbei, als wäre alles im unwirklichen Nebel, grau in grau.
Das von Trauer und Gram geplagte Wesen hat keinen Kontakt mehr zur realen Umwelt. Der Mensch lebt wie hinter einem Vorhang.

Der Mensch nimmt zunehmend an, seine paar Fähigkeiten wären völlig dahin. Er versagt bereits in seiner Vorstellung darin, ein Spiel zu haben.

Auch nur einzelne Bestandteile von Spielen kann er nicht mehr kontrollieren. Er glaubt einfach nicht mehr daran, jemals gewinnen zu können.

08) Apathie und Tod

Das fortwährende Versagen, der ständig fortschreitende Verlust sowohl bei den körperlichen als auch bei den geistigen Fähigkeiten, drückt Menschen tiefer und tiefer in **Apathie** hinein.

Das Sterben ist eigentlich ein ganz normaler Bestandteil des Lebens und des Überlebens.

„Inmitten des Lebens sind wir vom Tod umfangen!", heißt ein Spruch, den auch Martin Luther verwandte. Das soll sicherlich tröstlich wirken.

Doch für alle Menschen, die auf der unteren Stufe der Spielverderber angelangt sind, klingt der Satz eher entmutigend beziehungsweise eher ermutigend, um noch schneller aus dem Rad des Lebens mittels Selbstmord auszusteigen.

Schließlich, über kurz oder lang, führt das „Spiel" des verderbend apathischen Sterbens zum mehr oder weniger freiwilligem Ausstieg aus dem Spielverlauf und damit unmittelbar zum **Tod** (der dann wirklich sehr, sehr viel Schwere und Ernsthaftigkeit bedeutet). Die Apathie, das Sterben und den Tod führen Leute oftmals durch eine schlechte Lebensführung herbei, einem langsamen Selbstmord auf Raten.

Wer nicht an ein Weiterleben nach dem Tode glauben kann, hat es unvorstellbar schwer, sogar dem Absturz noch einen Hauch von Glück abzugewinnen.

In allen alten und neuen Kulturen dieses Planeten haben wir es mit einem weiteren, ganz fürchterlichen Spielverderber zu tun:

09) Drogen und Genusssucht

**„Drogen haben nie jemandem geholfen,
besser zu singen, besser Musik zu spielen oder
irgendetwas besser zu tun.
Alles was Drogen können, ist Dich zu töten.
Dich lange, langsam und grausam zu töten."**

Billie Holiday (Jazz-Sängerin)

Jegliche Art von Droge ebenso wie ein überdreht genusssüchtiger Lebensstil, ohne Achtung der eigenen Gesundheit, führt unweigerlich zu einem verfrühten, todgeweihten Ausstieg aus dem Spielgeschehen.

Drogen jeglicher Art verringern auf Dauer gravierend das Energieniveau, mit dem Menschen im Leben zurecht kommen wollen oder sollten.

Die Beeinträchtigung fängt bei übermäßigem Genuss von Cola, Kaffee oder dem schwarzen Tee an, setzt sich fort über Tabak aller Arten und von mengenweise Alkohol, speziell von Schnäpsen, bis hin zu den härteren Mitteln.

Die Vitalität und Lebensenergie wird von solchen Mitteln regelrecht geraubt. Im Endstadium, wenn der Mensch bereits süchtig ist, das heißt körperlich und/oder geistig abhängig von den Drogen, hat die Droge selbst das Sagen.

Die Person wird, sowohl in ihrem körperlichen als auch im geistigen Dasein, zu einer von Drogen gesteuerten Persönlichkeit, ohne eigene Entscheidungsfreiheit.

Damit ist TAO, die Seele, das Geistige Wesen sowie sein Spielgeist, aus dem Spiel regelrecht hinaus katapultiert. Jetzt spielt die Droge die Hauptrolle in dem Drama des Lebens.

Leute werden zu Drogenpersönlichkeiten, um nicht zu sagen „Drogenzombies". Sie wirken bei übermäßiger Einnahme der Drogen wie ferngesteuert.

Am Anfang fühlen sie sich auch noch so. Mit der Zeit schwindet dann sogar das eigene Gefühl dafür. Dann merken es nur noch die Anderen, die Menschen ihres Umfeldes.

In dieser Betrachtung darf ich übrigens auch die pharmazeutischen, so genannt medizinischen Drogen nicht ausnehmen. Ärzte sollten höllisch darauf achten, dass ihre Patienten nicht abhängig von dem Zeug werden, welcher Arten auch immer.

Insbesondere Schmerzmittel, angefangen bei Aspirin, Beruhigungsmittel sowie Psychopharmaka sind in ihrer ach so tollen Wirkungsweise einfach nur brutale Geistblocker.

Damit verliert der Spielgeist TAO, das Geistige Wesen, ganz oder teilweise den unmittelbaren Zugriff auf das Spiel, besonders des Lebens.

Ebenso problembeladen ist der wenig bewusste Umgang mit Essen und Trinken, Sex, Geld, Besitz und Macht. Auch hier treten suchtähnliche Verhaltensweisen, bis hin zu Abhängigkeiten, offen zu Tage.

Zu viel davon, also der übermäßige Genuss, ebenso wie zu wenig, in Form des Mangels, der Gier, Neid und Missgunst hervorbringt, lässt Leute süchtig werden.

Hier wie dort, sowohl im Übermaß als auch beim Mangelzustand, hängen sich die Menschen ohne geregeltes Maß und Ziel an Materielles.

Früher hat man es besonders den Frauen deutlich angesehen, wenn sie sich mit der Materie behängten, im wahrsten Sinne des Wortes. Heute verwischen sich die Unterschiede.

Durch zuviel Materielles werden die Leute schwer und verlieren zwangsläufig die Leichtigkeit im Spiel.

Häufig verbindet sich die Sucht, nach dem Genuss der Dinge einer materiellen Welt, wiederum mit der Einnahme von gleichfalls materiellen Drogensubstanzen, womit sich der grausame Teufelskreis schließt.

Löse Dich daher von der Schwere die von den Spielverderbern ausgeht. Stimme mit den Spielverderbern nicht überein.

Du bist TAO, das Geistige Wesen, die Seele selbst, damit hast Du die Macht Dich über fremde Einflüsse zu erheben.

Gewinne die Kontrolle über Dein gesamtes Dasein, als spielerisch agierendes, vom Spielgeist „beseeltes" Wesen.

Solltest Du nämlich die Kontrolle verloren haben, nicht mehr Ursache in Deinem eigenen Leben sein, so bist Du zudem weiteren Spielverderbern ausgeliefert.

Die Fremdsteuerung, der übermächtige Einfluss durch Andere in Deinem Leben, durch Leute oder fremde Mächte, ist ein deutliches Zeichen für diese ausgeprägt erkennbare Verlustsituation.

Spiele: „Als ob"!

Um den Einflüssen von Fremdsteuerung oder denen von fremder Suggestion bewusst entgegen zu steuern oder sich schon im Vorfeld davor zu schützen, ist es überaus hilfreich, sich so zu verhalten „als ob".

Spiele einfach einmal eine Rolle. So als würdest Du fremdgesteuert, als ginge es Dir dementsprechend schlecht. Lehne Dich zurück, entspanne Dich und spüre hinein. Übertreibe ruhig ein wenig und beobachte Dich selbst.

Du wirst feststellen, das Gefühl für diesen Einfluss baut sich fast so intensiv auf wie in Wirklichkeit.

Bei oftmaliger Wiederholung wird die Emotion schwächer und immer schwächer. Schließlich gleicht sich die Wirklichkeit der Außenwelt dem Spiel an.

Mario Adorf (Schauspieler) hat es ähnlich ausgedrückt:

„Man steht als Schauspieler immer neben sich. Die Selbstbeobachtung ist ein Teil des Berufes, ein Teil der Routine.

Wie ein Maler mit einem ganz bestimmten Blick durch das Leben geht, genauso geht ein Schauspieler mit der Suche nach Nahrung für seine Phantasie durchs Leben."

Auch Aristoteles erkannte die Wirkungsweise des Spielens. Er bemerkte dazu:

**„Spiele, damit du ernst sein kannst.
Denn das Spiel ist ein Ausruhen,
und die Menschen bedürfen,
da sie nicht immer tätig sein können,
des Ausruhens."**

Nur die bewusst gemachten Einflüsse lassen ein kreatives Erschaffen ursächlich wirken; mit dem spielerischen Denken und Handeln in Leichtigkeit.

So lassen wir Friedrich von Schiller nun noch die folgende berechtigte Frage stellen. Denn er erkennt offenkundig, dass überall auch die menschlichen Spielverderber am Werke sind:

**„Warum plagen wir einer den anderen?
Das Leben zerrinnt und es versammelt uns
nur einmal wie heute die Zeit."**

Genius

Die 24 Qualitäten
eines genialen Spielers

„Genius ist die Einführung
eines neuen Elementes
in das intellektuelle Universum."

William Wordsworth

So versuchte Jean Paul seine Erkenntnisse bezüglich des Genius kurz und bündig zusammenzufassen:

"Das Talent stellt nur Teile dar,
das Genie das Ganze des Lebens."

Der klinische Psychologe Dr. Alfred Barrios, Gründer und Direktor des "Self-Programmes Control Center of Los Angeles", erklärte:

"Die meisten Menschen haben die irrtümliche Vorstellung, dass Genies ausschließlich geboren werden, niemals gemacht sind.

Aber, wenn Sie sich das Leben einiger der größten Genies der Welt anschauen (wie Sokrates, Da Vinci, Shakespear, Edison, Einstein, ...), dann werden Sie entdecken, dass alle diese großen Geister 24 Charakteristiken der Persönlichkeit gemeinsam hatten.

Es sind dies Charakterzüge, die jeder entwickeln kann. Es macht keinen Unterschied, wie alt Sie sind, wieviel Ausbildung Sie haben oder was Sie bis jetzt erreicht haben.

Wenn Sie sich diese Charakteristiken der Persönlichkeit zu eigen machen können, befähigt Sie das, auf der Stufe eines Genies zu arbeiten."

Lasse Dich einfach von dieser Erkenntnis leiten, schaue Dir die 24 Qualitäten genau an, denke ein wenig darüber nach, nicht zu lange und nicht zu intensiv.

Probiere Deine Erkenntnisse vor allem aus, indem Du damit beginnst dauerhaft zu üben.

Du kannst die gleichen Charakterzüge bei Dir selbst entdecken und entwickeln.

24 Qualitäten

Genies haben diese Qualitäten fast alle gemeinsam.

01) Tatkraft

Genies haben ein starkes Verlangen, hart und lang zu arbeiten. Sie sind gewillt, alles, was sie zu geben haben, an ein Projekt zu verwenden.

Entwickle auch Du Deine Tatkraft, indem Du Dich konzentriert Deinem Erfolg widmest und mache weiter, weiter, … .
Hole Dir damit das Erfolgsergebnis immer näher, bis in die Gegenwart.

„Ein Mann mit einer Überzeugung ist stärker als 99 Leute mit Interessen."

John Stuart Mill

02) Mut

Genies haben den Mut, Dinge zu tun, zu unternehmen oder anzupacken, die andere für unmöglich erachten.
Höre damit auf, Dir darüber Sorgen zu machen, was wohl andere Leute denken mögen, weil Du selbst so anders bist.

„Wir unterscheiden uns weniger durch die Kräfte, die wir haben, als durch den Mut, von ihnen Gebrauch zu machen. Genialität ist dabei der Mut zu sich selbst."

Hans Kudszus

03) Hingabe an Ziele

Genies wissen genau was sie wollen und sie streben dem beharrlich zu.

Deshalb: Bekomme Kontrolle über Dein Leben und Deinen Zeitplan.

Du solltest täglich etwas Spezifisches haben, das Du beabsichtigst zustande zu bringen.

„Wer sich auf seinen Lorbeeren ausruht, trägt sie an der falschen Stelle."

Mao Tse-Tung

04) Wissen

Genies sammeln fortlaufend Informationen an; deren Wissbegierde, ihr Wissensdurst ist geradezu lebensnotwendig.

Die Forderung lautet daher: Gehe niemals nachts schlafen, ohne wenigstens eine neue Sache an diesem Tag gelernt zu haben. Lese! Frage Leute, die wissen!

„Hast Du Wissen erworben, was fehlt Dir? Fehlt Dir Wissen, was hast Du erworben?"

Talmud

05) Aufrichtigkeit

Genies sind offen, gerade heraus und aufrichtig. Übernehme die Verantwortung für Dinge die falsch laufen.

Sei daher auch selbst gewillt zuzugeben: "Ich habe Blödsinn gemacht." - Und, lerne aus Deinen Fehlern.

**„Beim Zerstören gelten
alle falschen Argumente,
beim Aufbauen keineswegs.
Was nicht wahr ist, baut nicht."**

Goethe

06) Optimismus

Genies bezweifeln niemals (!), dass sie ihr Ziel erreichen werden. Jeder kleine Zweifel ist der Beginn von Unfähigkeit.
Richte Deine gesamte Gesinnung bewusst auf etwas Gutes, von dem Du überzeugt bist, dass es kommen wird.

**„Ein Genie ist ein Mensch, in dessen Kopfe die
Welt als Vorstellung
einen Grad mehr Helligkeit erlangen kann."**

Schopenhauer

07) Urteilsfähigkeit

Genies versuchen die Tatsachen einer Situation zu verstehen, bevor Sie endgültig urteilen.
Werte Dinge auf einer aufgeschlossenen, unvoreingenommenen Basis aus und sei ebenso gewillt, Deine Ansicht zu ändern.

Oberflächlich betrachtet widerspricht dies dem Punkt 09; doch lass Dich nicht ins Boxhorn jagen.

Auch beim Ergreifen von anscheinend oder nur scheinbaren Super-Chancen solltest Du selbstverständlich erst einmal Deine Fähigkeit zur genauen Beurteilung nutzen.

Nur kann es natürlich sein, dass Du als Genie die sich bietende Chance etwas schneller auf Sinn oder Unsinn abgeklopft haben wirst.

**„Von je ist es meine Art,
dass ich von meinen Regungen
keiner anderen folge als dem Gedanken,
der sich mir beim Nachdenken
als der beste erweist."**

(Sokrates) Platon

08) Enthusiasmus

Genies sind so erregt über das, was sie gerade machen, dass andere mitgerissen und dazu ermutigt werden, mit ihnen zusammen zu arbeiten.

Glaube auch Du wirklich daran, dass die Dinge gut ausgehen werden.

Halte Dich bezüglich dieser Sache nicht zurück.

**„Begeisterung ist alles!
Gib einem Menschen alle Gaben der Erde
und nimm ihm die Fähigkeit der Begeisterung,
Du verdammst ihn zum ewigen Tod."**

Adolf von Wilbrandt

09) Bereitschaft Chancen zu ergreifen

Genies überwinden einfach die Angst vor dem Misserfolg.

Fürchte Dich also nicht davor bessere Chancen wahrzunehmen, wenn Du einmal erkannt hast, dass Du aus Deinen Fehlern lernen konntest.

„Wer lange bedenkt, der wählt nicht immer das beste."

Goethe

10) Dynamische Energie

Genies sitzen nicht auf ihrem Hintern und warten, dass sich vielleicht etwas Gutes ereignen wird.

Sei auch Du fest entschlossen etwas zu unternehmen, ständig daran zu arbeiten, dass etwas passiert.

„Das einzig Beständige ist der Wandel."

Lao Tse

„Wer ständig nach dem Wind schaut, kommt nicht zum Säen, wer ständig die Wolken beobachtet, kommt nicht zum Ernten."

Altes Testament

„Es gibt heute viele, die es statt mit Dynamik mit Hektik versuchen."

Peter Horton

11) Unternehmungsgeist

Genies sind Leute, die nach günstigen Gelegenheiten suchen.

Sei auch Du gewillt, Arbeiten zu übernehmen, die andere nicht anrühren würden.

Fürchte Dich niemals davor, das Unbekannte zu versuchen.

„Der Unternehmer sieht Chancen, die andere nicht sehen.
Er überwindet die Angst vor dem Neuen."

Branco Weiss

„Ein Gramm Unternehmensgeist wiegt mehr als ein Kilogramm Bürokratie."

Arno Sölter

12) Überzeugungskraft

Genies wissen, wie sie Leute motivieren müssen, damit diese ihnen helfen, vorwärts zu kommen.

Du wirst es ebenfalls einfach finden, überzeugend zu sein, wenn Du tatsächlich an das glaubst, was Du tust.

„Nicht das Argument, sondern die Person überzeugt."

Friedrich Sieburg

„Glaubt ein Redner mit ganzem Herzen an seine Sache so wird er Anhänger gewinnen."

Dale Carnegie

13) Aus-Sich-Herausgehen

Genies sind fähig leicht Freunde zu finden, denn sie sind unbefangen bezüglich ihrer Freunde.

Sei einfach jemand der Auftrieb gibt ("a booster"), nicht jemand der andere hinunter drückt.

Diese Einstellung wird Dir viele wertvolle Freunde einbringen.

„Der beste Weg, einen Freund zu haben, ist der, selbst einer zu sein."

Ralph Waldo Emerson

14) Fähigkeit zu kommunizieren

Genies sind fähig, ihre Ideen auf effektive Weise hinüber zu anderen zu bringen.

Nimm jede sich bietende Möglichkeit wahr, um auch Deine Ideen anderen Leuten zu erklären.

„Es genügt nicht, dass man zur Sache spricht. Man muss zu den Menschen sprechen."

Stanislaw Jerzy Lec

„Gedacht heißt nicht immer gesagt, gesagt heißt nicht immer richtig gehört, gehört heißt nicht immer richtig verstanden, verstanden heißt nicht immer einverstanden, einverstanden heißt nicht immer angewendet, angewendet heißt noch lange nicht beibehalten."

Konrad Lorenz

"Zu einer menschenfreundlichen Kommunikation gehören Offenheit und Verständlichkeit."

Joachim Gauck (*1940), Bundespräsident

15) Geduld

Genies sind die meiste Zeit über mit anderen Leuten geduldig, aber sie sind immer ungeduldig mit sich selbst.
Erwarte von Dir selbst viel mehr als von anderen. Sei auch Du nie enttäuscht, wenn andere Deinen Wünschen nicht gerecht werden.

„Genius ist ewige Geduld."

Michelangelo

„Nicht Kunst und Wissenschaft allein, Geduld will bei dem Werke sein."

Johann Wolfgang von Goethe

16) Empfindungsvermögen

Genies haben ihren geistigen Radar, sowohl für die Außenwelt als auch für ihre Mitmenschen, die ganze Zeit über in Betrieb.
Denke mehr an die Bedürfnisse und Wünsche anderer als an Deine eigenen.

„Es gibt auf der ganzen Welt nur eine einzige Methode, um andere Menschen zu beeinflussen: Mit ihnen über das zu sprechen, was sie haben möchten und ihnen zu zeigen, wie sie es bekommen können."

Dale Carnegie

17) Perfektionismus

Genies können Mittelmäßigkeit nicht tolerieren; besonders nicht bei sich selbst.
Sei niemals leicht zufrieden mit Dir selbst. Sei immer bestrebt, es besser und besser zu machen.

„Es ist reine Zeitverschwendung, etwas Mittelmäßiges zu tun.“

Madonna

„Wer seinen Blick zwanghaft auf das Unvollkommene richtet, wird zwangsläufig depressiv.“

Andreas Tenzer

18) Sinn für Humor

Genies sind immer gewillt, auf eigene Kosten zu lachen.

Sei auch Du nicht beleidigt, wenn der Witz Dich betrifft.

„Kein Geist ist in Ordnung, dem der Sinn für Humor fehlt.“

Samuel Taylor Coleridge

19) Geistige Beweglichkeit

Genies lernen immer mehr Dinge und lernen zudem, diese tatkräftig zu vollbringen.
Schrecke niemals vor neuen, noch größeren Anstrengungen und Herausforderungen zurück.

Denn, umso mehr Vertrauen entwickelst Du dadurch in Dich selbst.

**„Um zu erkennen, wie man ist,
braucht es eine außerordentliche
geistige Beweglichkeit, denn das, was ist,
verändert sich ständig.
Wenn der Geist fähig sein soll,
ebenso geschwind zu folgen, darf er nicht an
irgendein Dogma, einen Glauben oder ein
Handlungsschema gebunden sein."**

Krishnamurti

20) Anpassungsfähigkeit

Genies sträuben sich vehement dagegen, Dinge auf immer dieselbe alte Art zu machen.

Flexibel zu sein befähigt Dich, bereitwillig an sich verändernde Verhältnisse anzupassen. Sei daher zu jeder Zeit gewillt, neue Entscheidungen in Betracht zu ziehen.

**„Die Menschen des Okzidents sind wie Eichen:
Sie kämpfen gegen den Wind und riskieren,
zerbrochen zu werden. Menschen des Orients
dagegen sind wie Bambus - biegsam, aber immer
wieder fähig, sich aufzurichten."**

Mao Tse-Tung

21) Wissbegierde

Genies stellen immer wieder Fragen über Dinge, die sie nicht verstehen.

Fürchte Dich nicht davor, zuzugeben, dass Du nicht alles weißt.

Nur eine andauernd wissbegierige, auf alles neugierige Einstellung wird helfen, neue Informationen aufzuspüren.

„Aus Wissbegierde entsteht Forschen, aus diesem Erkenntnis und Wissen."

Friedrich von Schlegel

22) Individualismus

Genies tun die Dinge auf die Art und Weise, wie sie denken, dass sie getan werden sollten.

Gehe Deine täglichen Aufgaben gewissenhaft an, ohne jemandes Missbilligung zu fürchten.

„Der Individualismus soll uneigennützig und ungeziert sein."

Oscar Wilde

23) Idealismus

Genies streben danach, große Dinge zu erreichen, nicht nur für sich selbst, sondern auch und besonders für die Verbesserung der Menschheit.

Bleibe mit den Füßen auf dem Boden – aber, trage Deinen Kopf in den Wolken.

„Echter Idealismus besteht nicht in der Jagd nach augenblicklicher Verwirklichung dessen, was vielleicht eine Chimäre oder Illusion sein könnte, sondern im täglichen, unermüdlichen,

**beständigen Kampf um die allmähliche Annä-
herung an das, was uns als Ideal vorschwebt."**

Eduard Benesch

24) Vorstellungskraft

**Genies wissen, wie man in neuen Kombinationen denkt,
sie sehen Dinge von einer anderen Perspektive aus, als
irgend jemand sonst.**

Reinige und entwirre auch Du Deine geistige Umgebung, um
diese Art von Vorstellungskraft zu entwickeln. Gebe Dir selbst jeden Tag Zeit, um zu träumen.

Nimm Dir Zeit, Dir Dinge vorzustellen, in ein verträumtes In-
nenleben hinein zu treiben, so, wie Du es als Kind getan hast.

**„Das Talent gleicht dem Schützen, der ein Ziel
trifft, welches die Übrigen nicht erreichen
können; das Genie dem, der eins trifft, bis zu
welchem sie nicht einmal sehen können."**

Schopenhauer

**„Die Menschen machen immer die Umstände
dafür verantwortlich, was sie sind.
Ich glaube nicht an Umstände.
Die Menschen, die vorangehen in dieser Welt,
sind stets jene, die sich aufmachen und
die Umstände suchen, die sie brauchen, und
sie schaffen, wenn sie sie nicht finden können.
Machen wir uns in diesem Sinne auf in ein
neues Jahr. Warum sollten wir nicht diejenigen
sein, die vorangehen in dieser Welt?!**

Warum sollten wir nicht jene sein, die sich aufmachen und die Umstände suchen, die sie brauchen?! Und warum sollten wir sie nicht schaffen, wenn wir sie nicht finden können, weil es sie noch nicht gibt!? Mein Gott, was ist das für eine faszinierende Welt, in der so viele Gelegenheiten auf uns warten!"

George Bernard Shaw

Erreiche positives, zukunfts- und lösungsorientiertes Denken.

Hole Dir Deine Zukunft, alle Deine Hoffnungen und Wünsche in die Gegenwart.

Deine ureigene Art und Weise zu denken ist dabei maßgeblich an der Umsetzung beteiligt. Doch die positiv angelegten Denkmuster allein genügen nicht.

Erst die Anwendung, das wirkungsvolle Tun, führt zum Haben der angenehmen Zukunft in Zufriedenheit, zu Wohlbefinden und zu Wohlstand.

Die Welt von morgen gehört den Problemlösern.

Mit der Nutzung der Liste der 24 Qualitäten kann sich jedermann sowie Dir selbst einen Spiegel vor Augen halten.

Du kannst damit selbst erkennen wie weit Dein Potenzial für die von Genialität geprägte Denk- und Handlungsweise bereits gediehen ist.

Und Du kannst bewusst daran arbeiten, Dich Deinem natürlichen, innewohnenden Genius anzunähern.

Test:

Trage auf einer Skala zwischen 01 und 10 ein, wie Du Dich bewerten würdest, ob Du mit höherer Punktzahl dem Genie schon nahe bist oder noch etwas weiter entfernt.

> Beobachte Dich und Deine Mitmenschen unter dem Aspekt der 24 Qualitäten.

Doch vergiss nie: Niemand ist berechtigt, andere be- oder abzuwerten.

Der Umgang mit Werturteilen wird meist angewandt, um eigene „Minderwertigkeit" hinter Fremdbewertung zu verstecken.

Doch, Du bist ganz sicher nicht weniger wert als andere Menschen. Du hast lediglich andere Stärken, andere Qualitäten.

Beachte in diesem Zusammenhang den Punkt 15: Geduld mit anderen.
Dies sollte Deine oberste Maxime im Umgang mit Deinen nächsten Mitmenschen sein.

„Man soll von jedermann Genie fordern, aber ohne es zu erwarten."

Friedrich von Schlegel

Noch eine Information ganz, ganz wichtig!

Genialität wird doch tatsächlich mit Wahnsinn in einen Topf geworfen.

So heißt es voller Verrücktheit:

„Genie und Wahnsinn
liegen nahe beieinander."

Bitte lasse solche Gedankengänge nicht in Deine Vorstellung.

Biete der Abwertung und Unterdrückung durch andere die Stirn.

Gehe niemals in Übereinstimmung mit solchen Denkweisen.

Denn, sobald auch Du diese Art des Umgangs mit Deinen Mitmenschen vervielfachst, gilt Mobbing und die unterdrückerische Zuweisung von Schuld, die Vorgehensweise:

„Andere ins Unrecht setzen!", bald als völlig normal.

Das liebevolle Miteinander bleibt so auf der Strecke.

Hier gilt dann das Wort von Jonathan Swift:

„Wo ein Genie auftaucht,
verbrüdern sich die Dummköpfe."

Doch letztendlich müssen wir uns im Klaren sein:

„Wir müssen lernen,
entweder als Brüder miteinander zu leben
oder als Narren unterzugehen."

Martin Luther King

137

Ursache und Wirkung

Du selbst bist der Regisseur in Deinem eigenen Leben.

TAO, die Person selbst, als Geistiges Wesen, ist das alleinige, ursächlich mit Vernunft begabte Prinzip.

Es ist das, was als „Boss" im Geschehen der Dinge und Abläufe bewusste und gezielte Wirkungen in diesem Universum hervorrufen kann.

TAO, Du selbst, hast die Macht, die Kräfte Deines Denkens zu einem Bild zu formen sowie den Gestaltungsprozess in Gang zu setzen und dann in Gang zu halten.

Das Gesetz von Ursache und Wirkung bestimmt das Geistige sowie das Leben im Universum der physikalischen Naturgesetze.

Aus dem geistigen Kosmos „heraus" gilt diese Gesetzmäßigkeit ebenso für das physikalische Universum.

„Dort", in dem Geistigen Sein, existiert jedoch weder unsere Vorstellung von Raum noch der Ablauf der Zeit.

Deshalb geschehen unsere einmal gedachten Vorstellungen sowie die mentalen Abläufe gedankenschnell, das heißt: Ohne jede Zeitverzögerung.

Also, immer und immer wieder dieser Rat:

„Hüte Dich vor Deinen Gedanken,
Wünschen und Träumen,
denn sie könnten erfüllt werden!"

Taoistisches Sprichwort

Postulate

Lateinisch postulatum = "Forderung". Eine Schlussfolgerung, eine Entscheidung oder ein entsprechender Entschluss, gefasst von einer Person aufgrund ihrer eigenen Selbstbestimmung.

Das Postulieren bedeutet das Beschließen oder die Entscheidung ein Problem zu lösen oder ein Konzept für die Zukunft aufzustellen oder aber ein Schema der Vergangenheit aufzuheben.

Ein Postulat ist immer als solches bekannt. Es kann sowohl auf bewussten als auch auf nichtbewussten Daten aus weiter oder naher Vergangenheit beruhen.

Es wird immer in der Gegenwart aufgestellt.

Das Postulat löst die Probleme der Vergangenheit. Es entscheidet ebenso über die Probleme oder Beobachtungen der Gegenwart oder stellt ein Konzept für die Zukunft auf.

Als Spirituelle Rückführer müssen wir über diese postulierten Ideen und die so entstandenen Geschichten Bescheid wissen.

Unsere Rat- und Hilfesuchenden haben nämlich häufig überhaupt keine Ahnung was sie für ihr Leben alles so per Postulat in die Welt gesetzt haben. Vieles von dem wofür sie Hilfe erwarten, ist von ihnen selbst so gewollt.

Krankheitserscheinungen der verschiedensten Art haben ihre Ursache nicht bei irgendwelchen Krankheitserregern wie Viren, Bakterien oder Pilzen, Giftstoffen oder sonstigen Zufallsprodukten.

Selbst Unfälle geschehen nicht so ohne weiteres. Schicksal, Zufall, Gottesurteil oder Kismet sind von den Leuten entweder direkt tatkräftig verursacht oder sie werden zumindest, aufgrund von Untätigkeit, nicht verhindert.

Dies gilt sowohl für die eigenen Unfälle als auch für Unfälle die speziell nahen Mitmenschen geschehen.

Auch Krebs, Diabetes, Herzinfarkt, Schlaganfall oder ... lassen sich ganz einfach auf die Lebensgestaltung sowie auf Lebensgewohnheiten zurückführen, also auf selbst verursachte Willenserklärungen.

Dabei wirken die nichtbewussten Postulate oftmals sogar noch intensiver als die bewussten.

Die selbsttätigen Umprogrammierungen solcher tief sitzender Postulate greifen nicht, wenn die Person deren genaue Ursache nicht kennt.

So macht auch die Empfehlung, per Selbstsuggestion auf das Unterbewusstsein (was auch immer das sein mag!?) einzuwirken, keinen Sinn.

Erst das völlige Bewusstsein in Bezug auf ein ursächliches Ereignis ermöglicht den Zugriff auf die postulierte Willenserklärung.

Mit der machtvollen Methode der Spirituellen Rückführungen gelangen wir sogar in tiefersitzende Schichten des menschlichen Denkens, des Verstandes.

Der Informationsgehalt im Körpersystem mit seinem Energiefeld lässt offenbar eine Heilwerdung nicht zu.

Deshalb nimmt die Person, mit unserer Hilfe, den bewussten Kontakt auf und gelangt so mittel- bis langfristig in das unmittelbare HIER und JETZT.

Entweder die Person selbst oder aber wir gemeinsam bewirken dann die enorme Erleichterung von Informationen, die auf solche Postulate zurückzuführen sind.

Für die Vorgänge im Physikalischen stellen sich diese entscheidenden Fragen:

> Bist Du Ursache oder Wirkung beim Leben in diesem Universum?

> Hast Du das Leben in Deiner Hand oder hat das Leben Dich im Griff?

Nichts, wirklich gar nichts im physikalischen Universum, kann Geistige Wesen mitsamt ihrem Verstand erschüttern, wenn diese abermals bewusst werden und erkennen, wie das vordem selbst geschaffene Gesetz von Ursache und Wirkung anzuwenden ist.

Oft genug finden wir eine ziemliche Begriffsverwirrung bezüglich dieser beiden Begriffe bei den Menschen.

So wird doch tatsächlich, in den Betrachtungen etlicher Leute, die Ursache zur Wirkung vertauscht und umgekehrt.

Demnach kannst Du Leute sagen hören: "Ich bin die Wirkung im Leben, weil ich etwas bewirke."

In Wahrheit sollte es natürlich richtig so heißen: "Ich bin die Ursache im Leben, weil ich etwas bewirke (oder eben auch verursache)."

Die Wirkungsposition ist die unterordnende Position

Leute machen sich klein, sprechen von sich selbst als: „Wir kleinen Leute", und sie lassen einfach etwas mit sich geschehen.

Jene „kleinen Leute" beugen sich den „Mächtigen" ohne aufzumucken. Solche Menschen lassen es somit tatsächlich selbst zu, dass sie in einer andauernden Unterdrückung leben.

Der von außen zugefügte Druck, letztlich ein zugelassener Druck, diese Art der Suppression, führt nicht selten zu einer als „krank" diagnostizierten Depression (psychischer Niedergeschlagenheit).

Menschen lassen es zu, dass man ihnen auf den Kopf spuckt. Noch schlimmer: Sie fordern die Unterdrückung geradezu heraus. Sie ziehen ihre Unterdrücker wie magisch an.

Die in Unterdrückung lebenden, werden auch oft selbst zu Unterdrückern, indem sie den Druck wie automatisch weitergeben.

Diese Leute sind nicht durch ihre bewussten Handlungen sondern durch ihre Automatismen und besonders durch ihr Nichthandeln dafür verantwortlich, dass sich die Hierarchien von Über-, Unterordnung in unserer Gesellschaft etablieren konnten.

Als Spielfiguren auf einem imaginären Schachbrett des Universum könnte man diese vorgeblich „Kleinen" als die Bauern im Spiel ansehen.

„Das ist das Verdammte an den kleinen Verhältnissen, dass sie bemüht sind, die Seele klein zu machen."

Henrik Ibsen

Die Ursacheposition ist die machtvolle Position

Diese Position sollte jetzt allerdings auf gar keinen Fall mit der Unterdrückung anderer gleichgesetzt werden. Sie wird jedoch oft genug dafür angesehen.

Kein Mensch in einer wirklich ursächlichen Position, missbraucht seine natürliche Macht automatisch zur Unterdrückung.

Es sind die oben genannten Kleingeister. Ohne eigenen Selbstwert gebärden sie sich als Möchtegern-Herrscher, die dann mit der Macht Schindluder treiben. Diese Leute wurden zum Beispiel in überhöhte Machtpositionen hineingeboren oder sie wurden, damit andere Mächte ihren Nutzen davon haben, irgendwie fremdgesteuert auf entsprechende Positionen gehievt.

Macht und Ohnmacht stehen sich hier wirklich gegenüber. Der Ohnmächtige ist nämlich deshalb völlig machtlos, weil er sich dem Geschehen entzieht. Dennoch sollte niemand annehmen, dass jemand, der ohnmächtig ist, nichts mehr wahrnimmt. Er ist lediglich zeitweilig nicht ganz bei Bewusstsein.

Hier nun mein Appell an diejenigen, die ihres Bewusstseins mächtig sind: Die so Mächtigen haben die Verpflichtung sich um andere zu kümmern, damit auch diese wieder am Leben und damit an der Macht teilhaben können.

Wahre Herrscher, wie Könige, Kaiser und dergleichen, sahen sich in früheren Zeiten als Diener ihres Volkes, als „Diener des Staates", wie sich Friedrich der Große, der Preußenkönig, selbst bezeichnete.

Um wahrhafte Ursache zu sein, bedarf es niemals eines entsprechend von anderen vorgeschriebenen Postens. Der Mensch, der wahrhaft Ursache im Leben ist, verdeutlicht dies in seinem „SoSein".

Weniger in seinen Reden, als vielmehr besonders an seinem Tun wird dies klar, denn:

An ihren Taten sollt Ihr sie erkennen.

Als Mensch mit absolut ursächlicher Lebensweise und Lebenskraft bist Du TAO, das Geistige Wesen, das Selbst, ganz und gar das „Ich bin" in reiner spiritueller Betrachtung.
Stabilität und Standfestigkeit in allen Lebenslagen, charakterisieren diese sich selbst bewussten Menschen.

Energetisch wahrnehmbare Präsenz im Dasein, eine so genannte „starke Aura", umgibt solche Personen.

Der hauptsächliche Grund, warum sich manche Leute davor drücken Ursache zu sein, ist:
Die damit eng verbundene, allerdings aufgesetzte und nicht wirklich erforderliche, **Angst vor der Verantwortung** für das Verursachte.

Denn, dies ist tatsächlich eine Gesetzmäßigkeit:

Nur wer bereit ist Verantwortung zu übernehmen, kann auch effektiv ursächlich sein.

Verantwortung zu übernehmen scheint allerdings, besonders im Gefüge der heutigen Gesellschaften, nicht mehr „In" zu sein.

Viele, sehr viele geben Verantwortung gerne ab: An Horoskope, an Talismane, ebenso an Ärzte und Pfleger, an Drogen und Medikamente, an Parteien und ihre Politiker, an den Staat und seine Institutionen, an Banken und Versicherungen, an Gott, mit seinen irdischen Vertretern, und an die Welt.

Diese Menschen leben dabei wie blinde und taube Herden-Sklaven in unserem weitgehend verantwortungslosen und damit vorgeblich schuldlosen Dasein.

Sie laufen wie Lemminge gemeinsam in den sicheren Tod. All dies nur, weil es Generationen vor ihnen auch schon so gemacht haben. Dafür verantwortlich sind schließlich immer die Anderen. Denen weisen sie auch ganz schnell ihre Schuld zu.

Mangelndes Selbstbewusstsein ist mangelndes Bewusstsein zum eigenen Selbst, als Geistigem Wesen, ist die Ursache für so eine Lebenseinstellung. Der Begriff „Schuld" wird locker getragen, wie ein Colt an der Hüfte.

Wer ein falsches oder unbedachtes Wort äußert oder eine andere Überzeugung lebt, wird damit ganz einfach abgeschossen.

Mit der idiotischen Floskel: „Wer sich verteidigt klagt sich an!", wurde schon so mancher brave Mensch auf den Scheiterhaufen geschickt.

Schuldzuweisungen sind üblich und an der Tagesordnung. Mit: "Der, die, das ist schuld." oder direkter: "Du bist schuld!", hat man ganz schnell jemand ausfindig gemacht der hoffentlich überhaupt ein Gewissen hat oder vielleicht gleich ein schlechtes, an das man sich dann anschließen kann, um ihn noch richtig fertig zu machen.

Der soll dann mehr Verantwortung für die zugewiesene Schuld tragen als man selbst. Gegen den kann man seinen Zeigefinger strecken.

Diese Person oder Institution muss deswegen noch lange nicht im Unrecht sein. Das Wichtigste ist hierbei erst einmal, dass von der eigenen Verantwortlichkeit abgelenkt werden konnte.

Wenn der Angegriffene sich dann nicht einmal angemessen wehrt, sich nicht wehren will oder sich nicht zu wehren vermag, weil er dem Angriff schutzlos ausgeliefert ist, ihn möglicherweise so gar nicht erwartet hat, können jene sich sogar noch in einem relativen Recht wähnen.

Die so, schnell missbrauchten Begriffe von Schuld und Sühne geraten jedoch zu einer Farce, zu einem Possenspiel, werden sie im blendend hellen Lichte der ursächlichen Verantwortung angestrahlt.

Hinter oder vor dem vorgeschobenen Täter könnte nämlich plötzlich der wahre Unhold zum Vorschein kommen.

Auch der verursachende Täter und das der Wirkung ausgesetzte Opfer, erhalten durch diese grelle Beleuchtung eine ganz andere Beziehung zueinander.

So entwickelten sich die Betrachtungsweisen zum Karma aus jenem angeblichen Zusammenhang zwischen Schuld und Sühne.

In den indischen Philosophien (Hinduismus, Jainismus und Buddhismus) gibt es sich ähnelnde Vorschriften zum Abbau von Schuld, die sich nach deren Ansicht, im karmischen Miteinander angehäuft hat.

Ob dies wirklich für alle Menschen auf diese Art und Weise funktioniert vermag ich nicht in letzter Konsequenz zu bestätigen.

Aus meinen Erfahrungen mit den Spirituellen Rückführungen kann ich lediglich immer wieder erklären: Wer sich solchen oder ähnlichen Regelwerken zuordnet oder sich Ihnen unterordnet, wird mit ziemlicher Sicherheit auch entsprechende Wirkungen erzielen.

Ob damit das Leben der Menschen einfacher wird? Ich wage es zu bezweifeln, wenn ich mir das System der Kasten in Indien real anschaue.

Aus den Ursachen entstehen Wirkungen, weil sich die geistigen Bindekräfte des Kosmos, nämlich Liebe und Hass, in einem Netzwerk anziehen oder abstoßen. Dabei ist auch das Abstoßen nichts anderes als eine wirksame Bindung über den Raum und die Zeit hinaus. Denn ohne das Gegenüber gäbe es diese Wirkungen nicht.

Die Liebe und der Hass erzeugen das Karma, nach meiner Erkenntnis aus vielen Spirituellen Rückführungen. Ausschließlich Liebe und/oder Hass setzen sowohl die Ursachen als auch zwangsläufig die hervorgerufenen Wirkungsweisen.

Sobald wir sowohl unser Denken als auch selbstverständlich unsere Emotionen möglichst intensiv der Liebe zuwenden, je hochwertiger desto besser, bringen wir den karmisch angestauten Hass automatisch zum verschwinden.

Notwendige Übel in Wirkungspositionen

Die meisten Menschen beugen sich im Verlaufe ihres langen Lebens, den auf sie einströmenden, sie intensiv beeindruckenden, erzwungenen oder zwanghaften Notwendigkeiten.

Der Begriff: „Notwendig", verdeutlicht bereits die Art und Weise des Vorgehens. Die zusammengesetzten Worte Not + wendig bedeuten hier ganz einfach: Aus der Not geborene Wendigkeit.

Menschen wenden oder winden sich unter dem Druck der selbst erzeugten oder von außen herangetragenen Nöte.

Diese Art und Weise des Denkens und des Handelns ist eine Wirkungsposition allererster Güte. Die Ursache über sein Leben erreicht man dadurch sicher nicht. Erst wer der drückenden Not ein Schnippchen schlagen kann, gewinnt die wahre Ursacheposition zurück.

Dazu muss der Mensch im, für ihn reichlichen, relativ überlebensfreundlichen, Zustrom von Geld und Gütern aufsteigen. Er schwimmt sich so tatsächlich frei. Er schwimmt buchstäblich, als ursächlich handelndes Wesen, hin zu Überfluss und Wohlstand, um dann verstehen zu lernen, wie es sich in diesem als befreit erlebten Zustand dauerhaft lebt.

Sich zu winden ist keineswegs die Art von TAO, den freien Geistern. Diese Art der Bewegung, weder körperlich noch geistig, entspricht weder dem aufrechten Gang von Menschen noch beinhaltet sie Geradlinigkeit im Leben.

Allerdings gibt es genügend Bestrebungen in unser aller Umfeld, die uns erst in Nöte bringen wollen und uns dann in Mangel und Not halten.

Systeme von mehr oder weniger raffiniert aufgebauten Fallen mit ihren Fall- und Fangstricken umgeben jeden von uns.

Ein Beispiel dafür sind zu enge, würgend wirkende Familienbande. So mancher darf sich nicht aus dem Staub seiner Vorfahren erheben, weil er schließlich schon immer zu den kleinen Leuten gehört hat, sich gefälligst nicht einbilden soll etwas Besseres zu sein.

Wer dennoch anfängt, Verantwortung für sein Leben zu übernehmen, ursächlich zu werden, tatkräftig etwas zu bewirken beziehungsweise zu verursachen, wird diese und ähnliche familiäre Bande gehörig strapazieren.

Die nächsten fallenähnlichen Strukturen erwarten Freigeister in den Schul- und Lehrsystemen, mit all ihren vielfach doktrinären, erstarrt wirkenden, teilweise verlogenen oder überzogenen Lehrinhalten. Was junge Menschen dort über Jahre gelehrt bekommen, ist häufig weltfremd, in der Realität des Lebens nicht anwendbar. So sollen manchmal nur ideologisch geprägte Lehrpläne erfüllt und ausgeführt werden.

Solche Planvorstellungen haben dann nur sehr wenig mit den Lebensinhalten um uns herum zu tun.

Außerdem wird die Teamfähigkeit untergrabenden, der Individualisierung bis zur Gegnerschaft zuarbeitende Vorgehensweisen tragen entscheidend zu Stagnation und Erstarrung in der Gesellschaft bei. In diesen menschlich unwürdigen Verhältnissen hat auch Kriminalisierung ihren Ursprung. Dort gibt es keinen spielerischen Umgang untereinander. Jeder gegen jeden heißt die Devise. Mit besser, höher, weiter bleibt die Liebe auf der Strecke.

Vertreter der Systeme, die Lehrer, wissen oftmals nicht einmal selbst, dass sie an der Harmonisierung des Lebens vorbei lehren.

Während sie sich freiwillig oder zwangsläufig den von oben aufgesetzten Plänen beugen, versuchen sie ihr Handeln einfach mit dem eindeutig verlogenen Satz zu rechtfertigen: „Nicht für die Schule, für das Leben lernt ihr."

Erst, wenn solcherart verbildete Menschwesen später feststellen müssen, dann möglicherweise schmerzhaft, wie weit sie vom Schulsystem in die Irre geleitet wurden, gehen einigen von ihnen wahrhaftig ganze Kronleuchter auf. Leider fehlt für solche, direkt aus dem Leben gegriffenen Erkenntnisse, häufig der kommunikative Draht, zurück zu den Schulen. Und ob deren Meinung dort noch Gehör finden würde, darf zudem bezweifelt werden.

Die Erzeugung von geistig reduziertem, leicht zu versklavendem, mittels gezielt beabsichtigten Fremdeinflüssen beliebig steuerbarem, wenig nachdenkendem Menschenmaterial setzt sich im Berufsleben fort.

Im direkten Gegensatz dazu sollten wir auf dem Planeten Erde vorfinden dürfen: Über sich selbst bestimmende, geradezu universell denkende und selbstständig handelnde Menschen.

Dass dies nicht so ist, verdeutlichen solche Schlagworte wie: Spezialistentum, Betriebsblindheit, Beamtenmentalität und ähnliche. Wir müssen leider immer wieder wahrnehmen, wie Leute es zulassen, in einem Berufsfeld oder in dem für die Öffentlichkeit bestimmten Bild davon, eingeengt zu werden.

Die Waagschale einer Balkenwaage senkt sich hier, in unserem sozialen Umfeld, in den Gesellschaften der meisten Staatsgebilde dieses schönen Planeten, ganz klar zu Ungunsten von Ursache.

Umkehr ist angesagt!

Um tatsächlich wieder Ursache im Leben sein zu können, es zu dürfen, müssen: Lieb gewonnene Gewohnheiten gebrochen, alte, verfilzte Zöpfe abgeschnitten, die verdrehten Denkschleifen entknotet, völlig neue Wege beschritten werden.

Wir müssen die begangenen Fehler als solche erkennen, anerkennen und bereit sein, darüber hinaus zu wachsen.

Mit der gleichen Intensität wie wir Fehler begangen haben oder noch begehen, sollten wir spätestens von nun an unsere Fähigkeit nutzen, daraus Schlüsse zu ziehen, zu lernen und das Fehlverhalten zuerst mental und dann real zu überwinden.

Unser Denken geht unseren Handlungen immer voraus.

Nicht aus den Fehlern zu lernen, aus eigenen wie aus fremden, bedeutet nur, in seiner engmaschigen Wirkungsposition stecken zu bleiben.

Wer vollständig Ursache in seinem Leben sein will, darf weder an alter bis uralter Schuld noch an altem Leid und schon gar nicht an den alten Verlusten hängenbleiben.

Imagination

Die magische Kraft der Gedanken.

Hier die Definition zum Begriff **Imagination**: Vom Lateinischen „imaginatio" = „Vorstellung", „Einbildung".

Gemeint ist eine Art und Weise zur Gestaltung oder zur Bildung von Gedanken in Bildern (bis zu Filmen), die wie ursächliche Wirklichkeit erscheinen und die in die Realität herein wirksam werden.
Die aus der geistigen Wirklichkeit heraustretend bildende, somit geistige Kraft bezeichnet man auch als: Einbildungskraft, Bildekraft oder Vorstellungskraft.

Entsprechend dem Spruch aus dem Talmud, wird die unwägbare, mit Vorsicht zu benutzende Kraft des Denkens direkt vor jegliches Tun gesetzt:

"Achte auf Deine Gedanken, sie sind der Anfang Deiner Taten."

Eine weitere Weisheit, diesmal aus der Bibel, stellt die Macht des Denkens noch drastischer dar:

"Der Gedanke kann Berge versetzen."

Aus der langjährigen Erfahrung mit meiner Tätigkeit als Spiritueller Rückführer kann ich ergänzend noch hinzufügend:

Denkmuster sind die Ursache. Dies gilt für Krankheitsbilder der verschiedensten Arten ebenso wie für deren spontane Heilung. Dies gilt auch für die Einstellung zum Dasein und zu dessen Sinn.

Ausschließlich aus unseren Gedanken heraus „erwachsen" direkt über Worte und Handlungen die realen Dinge und Vorgänge in unserer alltäglichen Umgebung.

Könnten wir keine gemeinsam vor- oder ausgedachten Begriffe und Definitionen für real bestimmbare Gegenstände oder für wirkliche Tätigkeiten nutzen, die wir irgendwann einmal zur Sprache hatten werden lassen, wir würden alle nur vor uns hin leben und uns gegenseitig ein X für ein U vormachen.

Dabei würden wir wohl niemanden absichtlich oder ernsthaft täuschen wollen. Wir hätten einfach lediglich nicht die Fähigkeit uns mitzuteilen.

Unsere kreativen und handwerklichen Fähigkeiten wären ausschließlich auf uns selbst bezogen. Sie würden ganz schnell mit uns aussterben und müssten von anderen neu kreiert werden.

Es gäbe niemanden der ohne das Gespräch Interesse finden würde. Denn allein schon durch das Reden darüber könnte jemand lernen wollen.

Anschließend würde, durch waches Zuschauen und durch die Nachahmung, das Wissen aufgenommen. So werden dann die Fertigkeiten weitergetragen.

Ohne diese Sprachbegabung gäbe es auch keinerlei Möglichkeit zum vertieften, intellektuellen Austausch.

Die Weitergabe von Erfahrungen würde abgeschnitten sein. Wir könnten so kein größeres, gemeinschaftliches Projekt bewerkstelligen.

Wie notwendig unsere Fähigkeit des Denkens ist, damit verbunden der aktive, kommunikative Austausch von Gedanken über die Sprache, haben uns die alten Babylonier ungewollt vorexerziert:

Hervorgerufen durch den angeblich ketzerischen Turmbau in Babel (nicht gleich der Stadt Babylon), hat eine damals vorherrschende Gottheit (nicht unbedingt der Gott aus der Bibel) die heute sprichwörtlich gewordene Sprachverwirrung (als die „babylonische Sprachverwirrung" bekannt) herbeigeführt.

Das Bauwerk, der "Turm zu Babel" sollte einer erneuten Sintflut trotzen.

Er hat offenbar zu viel vom Wissen und dem Können der Menschen aufgezeigt.

Dadurch erschienen diese angeblich so furchtbar „überheblichen" Menschwesen der besagten Gottheit plötzlich als gefährlich oder dergleichen. Die Macht des Königs Nimrod und seiner Baumeister musste gebrochen werden.

Die von den Juden überlieferte Verwirrung der Sprache führte schließlich zum völligen Untergang der ersten Hochkultur nach der Sintflut. Demzufolge konnte sich keiner der Beteiligten mehr mit irgendeinem anderen zum Austausch von gemeinsamen Ideen verständigen.

Lange Zeit wurden keinerlei ähnliche Bauten mehr errichtet. Zumindest gibt es keine daran unmittelbar anschließenden Erzählungen ähnlicher Art.

Aus der Erkenntnis um solche Zusammenhänge heraus ist hier die Reihenfolge aufgezeigt, die sowohl einzelne Individuen als auch Gruppen von miteinander agierenden Personen befähigt, im Leben etwas zu errelchen:

Denken - Handeln - Schaffen.

Vor jedes Handeln, wozu auch schon die absichtsvoll geführte Kommunikation zählt, ist das Denken gesetzt.

Ebenso braucht es für das ins Materielle umsetzbare, umzusetzende Schaffen das vorgeschaltete geistige Erschaffen, speziell in dem von uns geschaffenem, physikalischen Universum.

Jegliche Handlung, bis hin zu einem schaffenden Tun oder einer Tat, setzt einen Gedanken voraus. Es gibt niemals ein wirklich gedankenloses Handeln.

Auch irgendwie verwirrtes Denkvermögen wird demnach eine ähnlich verrückte, vorgeblich absichtslos erscheinende Handlung hervorrufen. Immer geht jedoch auch diesem Handeln und anschließend dem Schaffen ein Denkvorgang voraus.

Das Handeln, als vorbereitend kommunikativem Tun sowie dem handwerklichen Können, gipfelt schließlich im Schaffen sowie dem endgültigen Erschaffen, der Verwirklichung eines geistigen Werkes, das nun den Aktionszyklus umfasst:

Starten – Verändern - Stoppen.

Das Erschaffene ist sodann das fertige, ins Materielle umgesetzte Werk oder das Produkt, das möglichst dem Erdachten gleich kommen soll.

Getreu der, bereits genannten, alten Weisheit:

„Der Gedanke kann Berge versetzen.''

nutzen wir in jedem Augenblick, ständig, wirklich andauernd, die visuelle Kraft der Gedanken.
Sie dient der zielgerichteten, bildhaften Vorstellung von etwas im Denken bereits Gegenwärtigem.

Zur besonderen Vorsicht mahnen jedoch nochmals diese aus dem Daoistischen, dem Arabischen sowie dem Talmud stammenden, überall wiederkehrenden Worte:

„Hüte Dich vor Deinen Wünschen, sie könnten in Erfüllung gehen.''

So sollten wir sehr sorgsam mit dieser Kraft zur Vorstellung umgehen, mit der:

Vorstellungskraft

Dieses Wort: **Vorstellungskraft**, beinhaltet mehr als einfach nur das, was man lapidar so dahin sagt.

Es ist fast schon eine Anweisung. So ist es zusammengesetzt aus den Worten:

Vor + Stellen + Kraft.

Das "**Vor**" heißt auch "gegenüber" oder "davor". Wohin sollen wir demnach mit was oder womit?

Es geht offenbar wirklich darum, etwas nach vorne zu projizieren. Ist damit die Zukunft gemeint? Oder, ist dort vorne real so etwas wie eine Kinoleinwand?

Tatsächlich! Dort ist wahrnehmbar, vor unserer Stirn, ganz offenbar außerhalb des Gehirns, eine Art Leinwand auf der unser bildhaftes Denken sich visualisiert, abbildet oder sogar wie ein Film abläuft.

Dazu ein kleines Experiment:

> Schließe die Augen.

> Stelle Dir das Bild einer schwarzen Katze vor.

> Deute darauf mit dem Zeigefinger der rechten Hand.

> Und öffne jetzt Deine Augen,

>> wobei Du weiterhin auf das Bild zeigst.

Du erkennst jetzt sofort: Dort vorne, irgendwo **vor** Deinem Kopf, in individuell unterschiedlicher Entfernung, findest Du die Projektion Deiner Vorstellung.

Was soll aber geschehen, wenn jemand gedanklich auf diese Leinwand ein Bild zaubert oder eben stellt?

Sich **Vor-Stellen** soll dieser Jemand das Bild. Eigentlich handelt es sich auch nicht lediglich um eine Leinwand, sondern um ein geradezu magisch wirkendes, räumliches Projektionsfeld.

Oft erkennen wir über die Bilder hinaus sogar Filme mit zeitlich bestimmbaren Abläufen und allen nur möglichen, nicht nur bebilderten Wahrnehmungen.

Zum Beispiel: In Träumen finden sich ganze Geschichten in diesem Feld. Beim Erstellen von Traumgeschichten sind viele von uns wahre Künstler.

Aus dem Nicht-Bewussten heraus beherrschen wir diese Art „Technik" sowieso andauernd perfekt.

Deshalb stellen wir beim sich **Vorstellen** dort hinein, in dieses Raumfeld, ein naturgetreues, bewegtes Abbild von der Realität, als gedachte Wirklichkeit.

Faszinierend erscheint nun: Auch bei völligem Tagesbewusstsein kann ein richtig kunstvolles Bild entstehen, bis hin zu ganz real wirkenden Filmen, indem wir all dies visualisieren.

Visualisieren: Zum Englischen visualize = „sichtbar machen". In Bildform in Anschauung umsetzen.

Es wird so sichtbar gemacht, dass es Aufmerksamkeit (Denkenergie) erregt. Zur Realisierung von Projekten wird dadurch ebenfalls bildhafte Energie aufgebaut.

Dabei sind wir, TAO, unmittelbar selbst, die entwerfenden Künstler und zugleich die Regisseure für die Abläufe.

Richtige Abläufe, aufgebaut wie Spielfilme, können wir Menschwesen in unserem magischen Projektionsfeld erzeugen.

"Das ist doch alles nur Phantasie.", höre ich jetzt jemand abwertend sagen.

Selbstverständlich!
Es ist die Phantasie.

Die klare, eindeutige Definition für Phantasie besagt nämlich, übersetzt aus dem Griechischen: „Vorstellung" oder „sichtbar machen".

Was tut ein Künstler, ein Techniker, ein Architekt, ein Handwerker, ein Erfinder denn anderes, als diese phantastischen Gedankenbilder zu nutzen, um daraus etwas sehr Reales, für uns alle Sichtbares und Verwendbares, zu erschaffen?

Jede Hausfrau, die am Herd einen Braten zubereitet, ein Essen zaubert, arbeitet vor ihrem praktischen Tun mit dieser bildnerischen Kraft der Gedanken, mit der Imagination.

Jeder Schritt zu einer Herstellung muss erst durchdacht, muss sich vorgestellt werden. Dann, wenn das Ergebnis oder der Ablauf gedanklich schon fertig ist, wird gezielt eine Handlung daraus.

Dies läuft beständig ab, bis hin zur vollständigen Schaffung einer erschaffenden Tätigkeit, letztlich der Erschaffung des Werkes.

Sogleich erleben wir die geradezu magischen, machtvollen Auswirkungen des dritten Begriffes bei

VorStellungs-Kraft: <u>Kraft</u> besagt hier nichts anderes als die Anwendung und Umsetzung von Energie.

Die Kraft ist die Fähigkeit zu tun, etwas zu bewirken. Sie ist somit Stärke und Wirksamkeit.

So ist tatsächlich die Vorstellungskraft wirklich eine Kraft. Sie geht vom Denken, von den Gedanken aus.

Sie lässt bei jedem von uns plastische Energiemuster entstehen. Daraus lassen sich Gedankenbilder formen und ins Hier und Jetzt transferieren.

Damit lassen wir allerdings auch Krankheitsbilder real werden. Auch Symptome, als Erscheinungen von Krankheiten, haben ihren Ursprung im Denkvorgang.

Bewusst oder weniger bewusst **postuliert**, werden die Denkmuster in ihrer Art und Weise, also in der Form von Taten oder Geschehnissen freigesetzt.

Postulate

Auf Lateinisch heißt dies postulatum = "Forderung" sowie eine Schlussfolgerung oder ein Entschluss. Daraus ergibt sich eine Entscheidung, die von einer Person aufgrund ihrer eigenen Selbstbestimmung gefasst wurde.

Postulieren heißt demnach: Das Beschließen oder die Entscheidung ein Problem zu lösen oder ein Konzept für die Zukunft aufzustellen oder aber ein Schema der Vergangenheit aufzuheben.

Ein Postulat ist immer als solches bekannt. Es kann sowohl auf bewussten als auch auf nichtbewussten Daten aus weiter oder naher Vergangenheit beruhen.

Ein Postulat wird immer in der Gegenwart, im Hier und Jetzt, aufgestellt.

Nochmals, weil es so wichtig ist: Postulate lösen Probleme der Vergangenheit, sie entscheiden über die Probleme sowie über die Betrachtungen der Gegenwart oder sie stellen jeweilige Konzepte für die Zukunft auf.

Als Spiritueller Rückführer musst Du über diese oftmals felsenfest postulierten Geschichten von Personen Bescheid wissen.
Meine Rat- und Hilfesuchenden haben nämlich häufig überhaupt keine Ahnung was sie für ihr Leben alles so per Postulat in die Welt gesetzt haben. Vieles von dem, wofür sie Hilfe erwarten, ist von ihnen selbst so gewollt.

Viele der diagnostizierten Krankheitserscheinungen verschiedenster Art haben ihre wahre Ursache nicht bei irgendwelchen Krankheitserregern, Giftstoffen oder sonstigen Zufallsprodukten.

Selbst Unfälle geschehen nicht so ohne weiteres. Schicksal, Zufall, Gottesurteil oder Kismet sind von den Leuten entweder direkt tatkräftig mitverursacht oder zumindest, aufgrund von Untätigkeit, nicht verhindert.
Dies gilt sowohl für die eigenen Unfälle, als auch für solche Unfälle, die nahen Mitmenschen geschehen.

Auch Krebs, Diabetes, Herzinfarkt oder Schlaganfall ... lassen sich ganz einfach auf die Lebensgestaltung sowie auf Lebensgewohnheiten zurückführen. Sie sind einfach ein Ausdruck selbst verursachter Willenserklärungen.
Dabei wirken die nichtbewussten Postulate oftmals sogar noch viel intensiver als bewusst gesetzte.

Das selbsttätige Umprogrammieren solcher tief sitzender Postulate greift nicht, wenn die Person deren genaue Ursache entweder nicht kennt oder nichtbewusst nicht kennen will.
So macht auch die gut gemeinte Empfehlung keinen Sinn, per Selbstsuggestion auf das Unterbewusstsein (was auch immer das sein mag) einzuwirken.

Erst das vollständige BewusstSein, in Bezug auf ein ursächliches Ereignis, ermöglicht den wirkungsvollen Zugriff auf eine uralte, postulierte Willenserklärung.

Im Talmud, dem in Geschichten beschriebenen, rabbinischen Kommentar zum jüdischen Glauben, lesen wir sehr treffend, zu der wirkungsvollen Abfolge des Denkvorganges:

**Achte auf Deine Gedanken,
denn sie werden Worte.**

**Achte auf Deine Worte,
denn sie werden Handlungen.**

**Achte auf Deine Handlungen,
denn sie werden Gewohnheiten.**

**Achte auf Deine Gewohnheiten,
denn sie werden Dein Charakter.**

**Achte auf Deinen Charakter,
denn er wird Dein Schicksal.**

Auch hier wird deutlich vom Denken, einer Welt der Gedanken ausgegangen, als Ursachepunkt zur Umsetzung von Vorgängen des Lebens.

Also nochmals: Jegliche Tätigkeit erfordert immer zuvor einen Denkvorgang. Das Denken selbst ist somit ganz offensichtlich die grundsätzliche, energetische Voraussetzung für das Tun.

So ist schon jegliche Bewegung eines Fingers, der Ausfluss eines vorab bewusst, nichtbewusst oder automatisch geführten Gedankens.
Ohne diese Art Energie wäre Bewegung völlig unmöglich. Ohne diese Energie tritt über kurz oder lang der total bewegungslose Zustand ein, genannt Tod.

So sind die Kräfte des Denkens erst die Auslöser und schließlich die Beherrscher der im Körpersystem wirksamen Energien.

Mit dieser, von den Denkvorgängen ausgehenden Energieform werden Nerven, Muskeln, Knochen, Drüsen und die Organe, einfach sämtliche Lebensvorgänge beherrscht, sowohl die motorisch nichtbewussten als auch die bewussten.

Die Chinesen fassen diese Energien zusammen, als das strömende, pulsierende Chi, als die Lebensenergie. Die westlichen Mystiker sprechen von Odem und in der indischen Kultur ist es Prana.

Die Frage, die sich mir hier aufgedrängt hat, ist: „Wer denkt denn nun all diese Gedanken, die unser Leben so nachhaltig bestimmen?"

Es gibt nicht nur eine mögliche Antwort, denn:

Das Denken kann erfolgen:

Sowohl **körperlich**, im Gehirn und im Bereich der Nerven, sogar, wie behauptet wird, im Magen-, Darmtrakt und im Herzen, als auch **energetisch**, im Verstand, dem von uns geschaffenen, energetischen Konstrukt, oder **seelisch** durch TAO, Dir selbst, als ursächlich Geistigem Wesen.

Du selbst, TAO, bist der machtvollste Denker von all diesen. Du bist derjenige, der, zusammen mit seinem Verstand, ursächlich in der Lage ist, die Kraft der Gedanken erst einmal zu einem Bild zu formen.
Du setzt den Prozess in Gang und Dein Verstand hält ihn schließlich in Gang.

Aber Achtung: Sowohl das System des Körpers, als auch der Verstand können mit hinterhältigen Viren verseucht oder mit Daten überfrachtet sein.

Dadurch können unsere, im Eigentlichen klaren und eindeutigen Denkvorgaben verwirrt werden.

Es gilt demzufolge für uns, das TAO-Geistwesen, Merkmale zu finden, an denen wir feststellen können, was noch zu unserem hochwertigen Denken gehört und wo die unseligen Einflüsse beginnen.

Hier versuche ich einige Hinweise dafür offenzulegen.

Merkmale für körperliches „Denken" (inklusive Gehirn):

Der Körper, mitsamt dem tollen Gehirn, ist zumeist eine Reiz-Reflex-Reaktions-Maschinerie.

Es handelt sich bei seinen einfachen Denkvorgängen um Automatismen dessen hauptsächliches Bestreben die Erhaltung von Seinesgleichen ist.

Über das nur einzelne Lebewesen hinaus, denkt der Körper auch für den Erhalt der Art und der Gattung.

So ist er spezialisiert auf die mehr oder weniger brauchbare Nahrungsaufnahme und deren Verarbeitung sowie auf das Sexualverhalten und selbstverständlich auf das Vermeiden von Gefahrensituationen oder die Reaktionen darauf.

Die körperlich motivierte Selbstheilung funktioniert dann am besten, wenn dem Körper seine spezielle Denkweise ausschließlich überlassen wird.

Unsere biochemischen Körpereinheiten reagieren auf alle möglichen Erreger für Krankheiten, auf verschiedene Gifte und auf Gefahrenquellen mit entsprechend vorprogrammierten, überlebenswichtigen und für das Überleben eines Körpers tatsächlich richtigen Aktivitäten und Emotionen.

In dem modernen Weltgeschehen kann das Körpersystem allerdings manchmal eine Gefahr nicht mehr genau einschätzen.

Der Reiz-Reflex-Reaktions-Mechanismus springt somit oftmals an, obwohl eine in früheren Zeiten gefährliche Situation mittlerweile längst entschärft wurde.

Das „Denken" eines Körpers ist eng begrenzt auf das Überleben in einer relativ gefährlichen Umgebung.

Körper können sich daher bei Gefahr entweder wehren, flüchten oder sich tot stellen. So antworten sie dann auf einen entsprechenden Reiz mit einem mehr oder weniger angemessenen Reflex und einer sinnvollen Aktion beziehungsweise einer Reaktion.

Manche sprechen hier von der so genannten Intuition. Dies ist allerdings eine gravierende Fehleinschätzung. Es handelt sich hierbei um eine Verwechslung mit dem Instinkt.
Die Intuition ist nämlich, wie wir noch sehen werden, in Wahrheit ausschließlich TAO zuzuschreiben.

Chronisch gewordene, tieftonige Emotionen wie in der Art und Weise von Trauer, Schmerz, Angst oder Wut setzt der Körper oftmals entgegen vernünftigerem Verstandesdenken brutal durch.
Seine enge Denkweise kann wahre Hintergründe nicht analysieren. Die ersten Menschen wurden so geschaffen.
Diese Frühmenschen (auch nicht-irdische) mussten, in einer für sie mehr oder minder gefährlichen Umgebung, einfach nur lernen zu überleben.
Da an diese frühen Menschwesen keine allzu höheren Anforderungen gestellt wurden, war ihr mehr oder minder eigenständiges Denken dem von Tieren noch sehr ähnlich.

Sie wurden besonders von etwas gesteuert, das wir heute Instinkt nennen. Mit ihrem Instinkt bewältigten sie den Kampf ums Überleben und setzten sich gegen ihre feindliche Umgebung durch.

Merkmale für vom Verstand geführtes Denken:

Der Verstand, ein energetisches Konstrukt, sowohl im Körper als auch um den Körper herum, ist für die möglichst genaue Analyse von den Dingen sowie von Situationen und Ereignissen, zudem von Lebewesen oder Menschen zuständig. Er arbeitet ähnlich wie ein Computer.

Analytische, planvolle Berechnungen zur möglichst korrekten Lösung von allerlei Problemstellungen sind seine Hauptaufgabe.
Um diese wichtige Aufgabe bewältigen zu können, bedarf es eines weitgehend vollständigen und korrekten Datenmaterials.

Hat der Verstand diese wichtigen Daten nicht, so kann es geschehen, dass er einfach nur spekuliert. So werden seine Berechnungen unsauber und entbehren dann der „wahren" Logik.

Dennoch hat der Verstand das Bestreben uns TAO immer ein Ergebnis zu liefern. Rechtfertigungen und Spekulationen führen dann zwar zu etlichen Antworten, aber letztendlich zu keinen hilfreichen Ergebnissen. Auf diese Art und Weise entstehen für das Menschwesen seine alltäglichen Probleme.

Da der Verstand zudem darauf programmiert ist Probleme zu erfinden, um sie dann wieder zur Lösung zu führen, verlangt er lange Zeit nicht nach Hilfe durch uns, TAO. Er hat nicht das Bedürfnis geholfen zu bekommen.

Mangelhaftes Datenmaterial kommt dem Verstand somit sogar sehr gelegen. Denn damit kann er wieder einmal ein Problem aufwerfen.

Ein Mensch hätte kein einziges echtes Problem, wenn der Verstand nicht welche produzieren würde.

Schwierig wird es für den Menschen nur, wenn dem Erschaffen eines Problems keine brauchbare Lösung folgt, sondern immer nur weitere Problemstellungen. Dann verlangt sogar der Verstand irgendwann von sich aus nach Hilfe.

Nochmals im zusammengefassten, erweiterten Modus:

1) Der Verstand sammelt Daten über die Sinne des Körpersystems und

2) speichert diese ab (auch über das Leben eines Körpers hinaus).

3) Der Verstand analysiert das Datenmaterial, plant und berechnet.

4) Der Verstand konstruiert daraus Problemsituationen und

5) liefert eines oder mehrere Ergebnisse zur voraussichtlichen Lösung dieser Probleme.

6) Der Verstand erfindet Rechtfertigungen mit Schuldzuweisungen, wenn sich keine saubere Lösung berechnen lässt.

Dies sind die sechs herausragenden Merkmale an denen wir das Denkschema des Verstandes erkennen können.

Menschen die mehr oder weniger überwiegend von dem Denken des Verstandes gesteuert werden, wirken etwas hölzern und irgendwie robotisch.
Es fehlt der beseelende TAO-Faktor: Das wäre eine offene, freundliche Art und unzweifelhafte, nicht von Berechnungen geprägte Herzlichkeit.

Der starke, übermächtige oder auch überhebliche Verstand behauptet von sich gerne, für das Bewusstsein allein zuständig zu sein und damit die entscheidende Vormachtstellung beim Menschen und seinem Dasein inne zu haben.
So übernimmt er manchmal fast vollständig die Steuerung eines Menschwesens, wie es vor Urzeiten tatsächlich einmal geplant war.
Die TAO-Seele oder das Geistige Wesen, kann sich in solchen Fällen mehr oder weniger zurückgezogen haben, zumal die ursprüngliche Aufgabe des Verstandes wirklich darin bestand Menschen völlig zu übernehmen, während TAO sich in Ruheposition befinden oder andere Aufgaben wahrnehmen konnte.

Menschen denen man es nachsagt: „Du benimmst Dich wie ein Roboter.", „Du wirkst so berechnend.", werden offenbar sehr intensiv vom Verstand gesteuert.

Jede heutzutage herrschende Form von Moral und des Rechtswesens wird vom Verstandesdenken majorisiert.
Bei der Wirkungsweise von TAO wäre ein mehr freundschaftlicher, ethisch hochwertigerer Umgang untereinander angesagt.

Wie weit wir von diesem Zustand entfernt sind, davon sprechen unsere Gesetze sehr deutliche Worte. Diese Gesetze werden von Berechnungen sowie von den darauf beruhenden, herrschenden Moralbegriffen geprägt.

Der Verstand bestimmt derzeit als Ego-Sein unser aller Leben. Seine Art und Weise zu denken wurde zum Maßstab für so gut wie alle Menschen.

Im stark ausgeprägten Individualismus, einem prägenden Egoismus bis hin zur Egozentrik, zeigt sich deutlich das Denken des Verstandes.

Das Denken und der Verstand werden üblicherweise gleichgesetzt. Denn hier findet tatsächlich das statt, was sich uns Menschen als Denkvorgang darstellt, was wir auch als solchen vorrangig wahrnehmen.

Im Großen und Ganzen haben wir, das Selbst als Geistiges TAO-Wesen, uns aus dem vereinfachten Denkprozess ausgegliedert, der hier und jetzt im Rahmen des physikalischen Universum stattfindet.

Für die Aufrechterhaltung von anfangs einmal geschaffenen Naturgesetzen und dergleichen haben wir vor Urzeiten einen gigantischen Verstand geschaffen, ein das Universum umspannendes Konstrukt.

Dazu findest Du vor allem in der „modernen" (anglo-indischen) Theosophie und in der Anthroposophie die durchaus richtige Vorstellung von einem gigantischen, übersinnlichen „Buch des Lebens", mit der Bezeichung: Akasha-Chronik. Sie soll das „Weltgedächtnis" in immaterieller Form enthalten.

Im deutschen Sprachraum wurde dieser Begriff Akasha-Chronik vor allem durch Rudolf Steiner bekannt. Steiner nahm für sich sogar in Anspruch, in der Akasha-Chronik „lesen" zu können.

Als Schöpfer des Universum hat TAO, nach meiner Erkenntnis, tatsächlich eine solche Chronik angelegt, die dem Verstand ähnelt. Darin sind alle kosmischen Gesetze aufgezeichnet sowie jeglicher Akt von Schöpfung, dessen Veränderung und Neugestaltung.

Es gibt kein noch so geringes Ereignis, das die Chronik nicht enthält, minutiös genau und vollständig bis ins Kleinste. Aufzeichnungen der Vergangenheit und außerdem der unmittelbaren, sich neu gestaltenden Gegenwart.

Darüber hinaus enthält Akasha auch Pläne für die Zukunft. Allerdings bleiben dafür viele, viele Möglichkeiten offen.

Einen speziellen Ableger dieser Chronik, eben den Verstand, haben wir, TAO, jeder Art von Lebewesen individuell zugeordnet (insbesondere den Menschen).

Merkmale für unser Denken als Geistiges Wesen:

Unsere hochwertigeren, gedanklichen Aktivitäten finden erst wieder ihren klaren Niederschlag, wenn Attribute gefordert oder zumindest angesprochen werden, die fast ausschließlich seelischer Natur sind.

Zu unserer seelischen Art und Weise gehören beispielsweise:

a) Sinn für Schönheit und Ästhetik,

b) Ordnungssinn, Bewahrung und Strukturierung

c) (Er-)Schaffenskraft und Kreativität,

d) (Er-)Kenntnis von ethischer Vernunft,

e) Empfinden für Freundschaft und Zusammengehörigkeit.

Mit so genannter Intuition melden wir uns dann als TAO, als Geistiges Wesen, im Leben zurück.

Die Intuition (vom Lateinischen intueri = „betrachten" und „erwägen", jedoch eigentlich: „angeschaut werden", daher auch ein passiver Sinn von Eingebung), ist das ahnende Erfassen von Etwas oder von einer Situation.

Sie ist die fantastische Fähigkeit tiefere Einsichten in Sachverhalte, Sichtweisen, Gesetzmäßigkeiten oder in die eher subjektive Stimmigkeit von Entscheidungen zu gewinnen.

Dies erfolgt ohne den analytisch arbeitenden Verstand zu gebrauchen, also ohne bewusste Schlussfolgerungen treffen zu müssen.

Das seelische Denken von TAO setzt besonders dann wieder mit aller Macht ein, wenn weitgehend religiöse und/oder spirituelle Fragen aufgeworfen werden.

Sobald ein Mensch sich mit den Fragen zu Gott und mit Beseeltheit beschäftigt oder, wenn Menschen nach dem Sinn des Lebens fragen, denkt TAO.

Auch zeigt in diesen hochwertigen Zusammenhängen TAO, das Geistige Wesen, plötzlich wieder Interesse am Geschehen, wenn seine Hilfe oder sein Zutun erforderlich erscheint.

Sobald allerdings Dogmatik ins Spiel kommt, mit Wollen, Müssen und Sollen, hat schon wieder der Verstand seine Finger im Spiel.

TAO bevorzugt Freiheit, Freigeistigkeit im Denken und Handeln. Deshalb laufen auch die Gesetzmäßigkeiten des Denkens im Geistigen ohne jede Anstrengung und ohne übermäßig planvollen Willensakt ab.

Die von TAO gesetzten Postulate geschehen wie von selbst, einfach locker.

Wir, TAO, reagieren nicht und wir berechnen nichts und niemanden, wir spielen lediglich das „Große Spiel", sowohl des Kosmos (geistig) als auch des Universum (physisch), eventuell noch das „Spiel des Lebens" in der nachträglich gefügten Art und Weise.

Dies geschieht einfach, wie von selbst, mit gelebter und erlebter Leichtigkeit, ohne uns großartig schwerwiegende Gedanken darüber zu machen.

Dabei nehmen wir allerdings auch kaum Rücksicht auf die, aus unserer Sicht, so „niederen" Bedürfnisse des Körpersystems.

Das Überleben von Körpern wird zur Nebensache, wenn zum Beispiel an einem Projekt gearbeitet wird, das den vollen seelischen und/oder geistigen Einsatz erfordert. Seelsorger, Erfinder oder Forscher arbeiten hier ähnlich selbstlos.

Unsere Basis des TAO-Denkens kennt weder Raum noch Zeit, denn das Geistige ist kein Bestandteil des Universum.

Gelebte Leichtigkeit ist unsere Devise, auch beim Denken.

In diesem Zusammenhang wird ein wenig verständlich, wenn religiöse Mystiker aller Zeiten gefordert haben, Körper und Verstand zu überwinden, um dadurch wieder Geist zu sein, als TAO wahre Geistigkeit zu erreichen.

Was mich dabei stört ist deren fürchterlich strikte Vorstellung bei der Abwertung des Körpers, womöglich verbunden mit grausamen Geiselungen.

Für mich ist der Körper nämlich immer noch der Tempel der mich beherbergt und das wertvolle Werkzeug mit dem ich im Physikalischen aktiv bin.

Außerdem ist mein Verstand trotzdem kein bisschen unbrauchbar. Im Gegenteil, richtig angewandt, zur rechten Zeit am rechten Ort, und im Bewusstsein seiner Begrenzung leistet er hervorragende Dienste.

Da jeder von uns TAO ist, das Geistige Wesen, sind wir immer wieder fähig zum Schaffen von erstaunlichen Werken.
Um diese hier und jetzt in die Welt setzen zu können, brauchen wir einfach alle zur Verfügung stehenden Mittel.

Damit wir uns darüber noch einmal absolut klar werden können, hier die zu seinem erforderlichen Geschehen eindeutigen Funktionsabläufe des Erschaffens:

Denken (das leichte, lockere Denken des Geistwesens übertrifft immer die Denkweisen von Körper und Verstand): Dennoch, jeglicher schöpferische Akt wird zuerst in der mystisch, magischen Welt der Gedanken zu einem geistigen Eindrucksbild.

Handeln (hier sollte der Verstand helfend eingreifen, die überaus nützliche Körpereinheit steuern): Handlungen werden als das Tun im physikalischen Universum vollzogen. Sie laufen möglichst absichtsvoll, gezielt, planvoll und schließlich automatisch ab.

Schaffen (dies ist wieder das Arbeitsfeld von TAO, des Geistigen Wesens): Das postulierte Gedankenbild und die Handlungsabläufe entwickeln sich zur Realität. Das Erschaffene wird in den Zyklus von: Start, Veränderung, Stopp eingebunden und so eine Zeit lang aufrecht erhalten.

Mit bewusst eingesetztem, anwendbarem Wissen, dem "know-how", sowie einer unumstößlichen Portion Wissensgewissheit, einer klaren, hohen Überzeugung, dass es wirklich funktioniert, werden der Braten einer klugen Hausfrau ebenso geschaffen wie Flugzeuge, Autos, Wolkenkratzer und Raketen für den Flug zum Mars und darüber hinaus.

Die Traumbilder von Phantasten wie Columbus, Jules Verne, Wernher von Braun und vielen, vielen anderen wurden letztlich bestimmend für unsere Gegenwart.

Auch Albert Einstein war der Ansicht:

„Phantasie ist wichtiger als Wissen,
denn Wissen ist begrenzt.
Phantasie aber umfasst die ganze Welt."

Ebensolche Träumereien und Phantasien gestalten derzeit auch unsere Zukunft.

Deshalb an dieser Stelle, eine Aufforderung an alle beseelten Freunde, Denker und Träumer für eine bessere Zukunft:

"Träumt die Welt von Morgen – Jetzt!"

denn

„Träume gepaart mit Tatkraft werden zu einer
wahrhaft mächtigen Kombination."

Hoffnung + Glaube + Liebe

Hoffnung hatte, historisch betrachtet, keine eindeutig positive Aussage. Das griechische Wort „elpis" heißt neutral einfach soviel wie „Erwartung".

In der Erwartung von etwas Zukünftigem kann es sowohl etwas Gutes als auch etwas Schlechtes geben.

Die sprachliche Wendung: Im Deutschen besitzt „Hoffnung" einen eindeutigeren, positiven Sinn: Man hofft auf das Gelingen einer Sache. Dieser positiv geprägte Sinn ist vorrangig auf die christliche Kultur zurückzuführen.

Die Beispiele dafür sind im allgemeinen Sprachgebrauch: „Es besteht doch noch Hoffnung." oder das Sprichwort: „Die Hoffnung stirbt zuletzt."

Auch die alte Sprachwendung für eine Schwangerschaft, wie: „Guter Hoffnung sein", zeugt von diesem positiven Sinn.

Soll jedoch ausgedrückt werden, dass die Hoffnung nicht berechtigt ist, spricht man von einer Illusion oder nur einem Wunschtraum. Damit wird allerdings jeglichem Hoffnungsschimmer die Chance zur Entwicklung genommen. Aber auch die Wunschträume und Illusionen sollten, meiner Ansicht nach, noch immer für die Realisierung offen bleiben.

Die Hoffnung kann in Begleitung sein, von der Angst und der Sorge, dass das Erwünschte nicht eintreten wird.

Jedoch erst der völlige Absturz aus der Hoffnung ist die Hoffnungslosigkeit, bis hin zur Verzweiflung, zu Resignation oder in die Depression, zur Wendung in das Gegenteil.

Das Wort „Hoffnung" hat seine Wurzel in der mittelniederdeutschen Sprache. Als der Ursprung davon gilt „hopen", also „hüpfen". Es heißt: Vor Erwartung unruhig „herumzappeln" oder „herumspringen".

Die Hoffnung verdeutlicht eben die zuversichtliche Ausrichtung. Nur eine wahre, positive Erwartungshaltung, auch ohne die wirkliche Gewissheit, projiziert etwas Wünschenswertes in die Zukunft hinein.

Das kann ein bestimmtes Ereignis oder auch ein grundlegender Zustand sein.

Hoffnung ist somit die umfassend emotionale und sicherlich eine für das Tun wichtige Ausrichtung des Menschen auf die Zukunft.
Hoffend verhält sich jeder Mensch zielgerichtet optimistisch.

Die Hoffnung ist der erste Ansatz für die Entwicklung von Wünschen.
Hingegen ist das bloße Erhoffen allein, für eine Realisierung zu schwach.

**„Drei Dinge helfen,
die Mühseligkeiten des Lebens zu tragen:
Die Hoffnung, der Schlaf und das Lachen.“**

Immanuel Kant

**„Die Hoffnung ist der Regenbogen
über dem herabstürzenden Bach des Lebens.“**

Friedrich Nietzsche

**„Die größten Menschen sind jene,
die anderen Hoffnung geben können.“**

Jean Jaures

Ohne den **Glauben**, an einen vielleicht möglichen Erfolg, bringt uns auch der schillerndste Hoffnungsschimmer nicht voran.

Der Begriff Glaube kommt aus dem Indogermanischen „leubh“. Er bedeutet: „Begehren“, „lieb haben“, „für lieb erklären“, „gutheißen“, auch „loben“.

Damit bezeichnet der Begriff eine tiefgründige Grundhaltung von Treue sowie des Vertrauens.

Ursprünglich gemeint war also: „Ich verlasse mich auf ...", „ich binde meine Existenz an ...", „ich bin treu zu ...".

Das lateinische Wort credere, auch Credo, von cor dare steht für: "Das Herz geben/schenken". Das Wort wird besonders im Zusammenhang mit religiösen Überzeugungen gebraucht.
Dieser Glaube ist somit die Überzeugung bezüglich der Lehre einer konkreten Religion oder einer Philosophie.

Auf dem Weg vom Nichtwissen zum Absoluten Wissen befindet sich der Glaube ziemlich genau in der Mitte. Darunter finden wir die Ahnung und darüber geht es mit Interesse weiter hinauf.

Die Gewissheit nicht nur zu ahnen, sondern eben wirklich wissen zu wollen oder sogar bereits zu wissen, versetzt eine Person in einen euphorischen Zustand mit gesteigertem Tatendrang.
Ohne den Glauben gäbe es weder die Überzeugung, dass da noch mehr sein könnte, noch das Begehren sich diesem Mehr zu nähern.

Sobald der Glaube in seiner noch ziemlich unsicheren Art in höhere Zustände bis hin zur Wissensgewissheit übergeht, befinden wir uns tatkräftig bereits auf dem Weg näher zum Zustand vollständigen Wissens.

„Zu glauben ist schwer, nichts zu glauben ist unmöglich."

Victor Hugo

„Wer glaubt, etwas zu sein, hat aufgehört etwas zu werden."

Philip Rosenthal

„Mit Glauben allein kann man sehr wenig tun, aber ohne ihn gar nichts."

Samuel Butler

170

Liebe sorgt für die Umsetzung einer Idee in die Tat, zum Wohle vieler. Sie drückt sich unter anderem in Wertschätzung füreinander so im Miteinander aus.

Mittelhochdeutsch steht „liep" für etwas Gutes, Angenehmes. Wir finden „leubh" im Indogermanischen für „gern haben" oder „begehren" im Sinne von starker Zuneigung, die jemand einem anderen entgegen bringen kann.
Das Gefühl der Liebe kann unabhängig davon entstehen, ob es erwidert wird oder nicht.

So kann es sich um eine tiefe Zuneigung innerhalb von Familien (wie zu Eltern, Geschwistern oder dergleichen) oder um eine enge Verbindung im Geiste (z.B. Freundschaft oder Seelenverwandtschaft) handeln.
Man spricht dann von bedingungsloser Liebe, wenn diese tiefe Verbundenheit zu einer oder sogar zu mehreren Personen jeglichen Zweck oder Nutzen in den zwischenmenschlichen Beziehungen übersteigt. Sie drückt sich hier in der Regel durch eine verbindende, tätige Zuwendung aus.
Die übergeordnete Bedeutung bezieht sich also auf die Hinwendung zu anderen Lebewesen, zu Einzelnen oder zu Gruppierungen, zu materiellen Dingen, ebenso zu geliebten Tätigkeiten oder zu Ideen.

Auf den wechselnden Bedeutungsebenen wird der Liebe verschiedene Wertigkeit zugewiesen.
Im christlichen Sprachgebrauch gibt es den Begriff der „Agape" für eine geistig oder göttlich inspirierte, selbstlose Liebe.

Zwischen einer sinnlichen Empfindung mit körperlichem Begehren, im Sinne von Sexualität, platonischer Liebe, eher geistig gesehen, ohne notwendigerweise körperlicher Annäherung, und der ethischen Grundhaltung zu Menschen sowie zum Göttlichen gibt es enorme Bandbreiten.

Eine mehr oder minder zeitlich begrenzte Liebe nennt man Verliebtheit. Diese tritt zumeist im Zusammenhang mit dem so genannten „Strohfeuer" auf, das schnell auflodert, jedoch auch schnell niederbrennt.

Verliebtheit, lässt dem Liebesakt kaum Zeit zur Entwicklung und mündet häufig lediglich in körperlicher Anziehung.

Der Mangel an Liebe führt bei Kindern häufig zu Hospitalismus, wenn das Kind den Liebesentzug, im Sinne von nur funktionaler Anwendung von Pseudo-Liebe, überhaupt überlebt.

Massivste Fehlentwicklungen bei den Liebesbeziehungen sind, im Sinne eines reinen Begriffes von Liebe, das Besitzdenken mit übermäßiger Eifersucht und freiwilliger oder fremdbestimmter Abhängigkeit bis hin zur Hörigkeit.

Erst, wenn wir im Bewusstsein der alles umfassenden Liebe vorwärts schreiten, uns als starkes TAO-Wesen wahrnehmen, gelangen wir zum entscheidenden Tun im Miteinander des Lebens.

„Du kannst Deine Augen schließen,
wenn du etwas nicht sehen willst,
aber Du kannst nicht Dein Herz verschließen,
wenn Du etwas nicht fühlen willst."

Johnny Depp

„Was Du liebst, lass frei.
Kommt es zurück, gehört es Dir - für immer."

Konfuzius

„Du und ich - wir sind eins.
Ich kann Dir nicht wehtun,
ohne auch mich zu verletzen."

Mahatma Gandhi

Mit der machtvollen Methode Spiritueller Rückführung gelangen wir absichtsvoll gezielt in tief sitzende Schichten des menschlichen Denkens hinein.

Was die Rat- und Hilfesuchenden für sich bewirken können, ist die Erleichterung von Informationen, die auf Postulate zurückzuführen sind.

Der Informationsgehalt im körperlichen sowie im geistigen Energiefeld lässt eine Heilwerdung im ersten Moment nicht zu.

Denn vorgeblich gehören diese Daten zum Überlebenspotenzial des jeweiligen Menschen.

Bei der mehrmaligen Anwendung von Spirituellen Rückführungen ändert sich die Einstellung beim Körper und vor allem im Verstand.

Die Person nimmt, entweder selbst oder erst mal mit der Hilfe von Spirituellen Rückführern, den bewussten Kontakt zu den in Verwirrung geratenen Daten auf und erlangt so mittel- bis langfristig das unmittelbare HIER und JETZT.

Bei der Anwendung von Spirituellen Rückführungen geschehen in ihrem Verlaufe wahre Wunder, die unter anderem auf eine wesentlich verbesserte Fähigkeit zur Imagination zurückzuführen sind.

**„Wer sich nicht mehr wundern und
sich in Ehrfurcht verlieren kann,
ist seelisch bereits tot.“**

Albert Einstein

Wir machen Zukunft

Der Traum von Zukunft und von Wirklichkeit.

Gegenwart ist das Hier und Jetzt, die Zeiteinheit in der wir gerade leben. Von Gegenwart zu Gegenwart hangeln wir uns wie auf einer Art Zeitstrahl entlang, hinein in die Zukunft.

Die Zukunft wiederum ist die Zeit die wir uns machen, ständig neu erschaffen, damit mögliche weitere Zeiteinheiten kommen werden.
Wir gehen immer in die Richtung dessen, was unserer Meinung nach die Zukunft sein wird.

Wie mag unsere Zukunft dann wohl sein? So wie wir sie uns wünschen oder so wie unser Nachbar sie sich wünscht?

Sowohl andere als auch wir selbst haben offenbar eine bestimmte Vorstellung davon was sein sollte oder sein wird.

Je mehr von uns in dieselbe Richtung gehen, umso wahrscheinlicher wird diese gemeinsam erdachte Zukunftsvision auch von der gedanklichen Wirklichkeit zur physikalischen Realität werden.

Die jetzige Gegenwart wird dann die Vergangenheit dieser Zukunft sein.

Aus einem geradezu unendlich großen Bündel von verschiedenartig möglicher Zukunft wird letztlich diejenige die ausgewählte physische Realität werden, über die, aufgrund der erdachten Wirklichkeiten, die allergrößten Übereinstimmungen der Vielen herrscht.

In gewissen Grenzen ist es uns, den vereinzelten TAO-Seelen, also tatsächlich möglich unsere Zukunft selbst zu bestimmen. Wie könnte so etwas aussehen?

Wir entwickeln eine Idee für das Leben, verfolgen gezielt und mit viel Ausdauer diese Vorstellung, bis wir sie verwirklichen können. Sodann verwirklichen wir sie und schaffen auf diese Art und Weise neue Realitäten im Universum.

Leider stoßen wir dabei immer wieder an Grenzen unserer Möglichkeiten. Wir lernen Barrieren, Schranken und Gegenabsichten kennen, eigene und die von anderen. Entweder wir akzeptieren diese oder wir überwinden sie und betreten schließlich Neuland, für eine weitere, mögliche Zukunft.

Die Schwierigkeiten bei der Realisierung von Ideen sind uns selbstverständlich nicht unbekannt.

Sie können zusammenhängen mit all den geistig geprägten Vorstellungen von Wirklichkeiten anderer bis zu deren Realisierung im Universum durch diese, von den Zukunftsprojektionen vieler anderer sowie von den bis dahin noch gar nicht entwickelten Materialien oder Techniken oder vielerlei möglichen Barrieren.

Wenn wir das trotzdem alles überwunden haben, unser Traum von Wirklichkeit nun Realität wurde, was ist dann? Wir haben etwas Neues geschaffen, ein Stück Zukunft kreiert.

Und wir stellen fest: Nur so gewinnen wir im „Großen Spiel" und dem „Spiel des Lebens", ganz egal ob alle anderen Mitwesen mit unserer Kreation zu Hundert Prozent einverstanden sind. Aus dieser Erkenntnis heraus fühlen wir uns dann irgendwie glücklicher.

Hierzu nun die folgenden, klugen Worte, mit denen wir uns einen brauchbaren Wegweiser hin zum GlücklichSein errichten können:

"Glück ist die Überwindung
nicht ganz unbekannter Hindernisse
in Richtung auf ein bekanntes Ziel."

Eines ist gewiss: Zukunft können wir nur dann in unserem Sinne machen, wenn wir in der Lage sind auch die Gegenwart zu leben, sie zu erleben und steuern zu können.

Ausschließlich die Fähigkeit zur Kontrolle über das HIER und JETZT lässt uns zu den machtvollen Wesen werden, die das Leben meistern.

Wir allein sind die Schöpfer, die Erschaffer unseres Lebens, aus der bereits gelebten Vergangenheit heraus, in dem unmittelbaren HIER und der JETZT-Gegenwart und zur möglichen Zukunft hin.

Selbst, wenn wir uns bereit erklären das Leben oder Teilbereiche davon an ein irgendwie geartetes höheres Wesen abzugeben, ist auch dies dennoch unsere ureigene Entscheidung.

Gegenwart und Zukunft sind zusammen mit der zurückliegenden Vergangenheit verschiedene Aspekte von Zeit.
Dieses Thema „Zeit" ist eines unserer liebsten Rätsel, bei dem sich schon viele Menschen den Kopf zerbrochen oder die Zähne ausgebissen haben. Was also ist nun Zeit?

Die korrekte Anschauung für die Zeit ist:

Bewegung im Raum! Sie ist nicht irgendeine x-te Dimension, sondern einfach nur: Die in ihrem Ablauf messbare Bewegung von Energie und/oder Materie im Raum.

Es gibt allerdings einen objektiv messbaren sowie einen subjektiv spürbaren Ablauf der Zeit. Mit unserem zunehmenden Alter verläuft die Zeit angeblich, ganz persönlich betrachtet, irgendwie schneller.
In jedem Falle sind wir allein es, als die ursprünglich an der Schöpfung für ihre Wirkungsweise Beteiligte, auch diejenigen, die es schaffen sollten, zumindest den Verlauf der eigenen Zeit zu kontrollieren. Allerdings haben wir, wie selbstverständlich angepasst an den ach so modernen Zeitgeist, niemals Zeit.
Denn, mit "keine Zeit haben" drücken wir doch anderen gegenüber aus, wie wichtig wir sind: Haben wir keine Zeit dann, so sollen jene schließen, sind wir so gefragt, dass wir total überbeschäftigt sind.

"Zeit zu haben" scheint den gegenteiligen Eindruck zu erwecken; so als ob wir nichts mehr wert seien.

Deshalb fühlen sich Rentner viel zu oft total nutzlos, weil sie nämlich nach ihrem Arbeitsleben plötzlich über mehr Zeit verfügen können.

Fast sieht es so aus: Wir können es uns heutzutage gar nicht leisten, Zeit zu haben!

Wie arm sind wir dran! "Keine Zeit haben können" bedeutet nämlich auch: Kein JETZT haben können.

Das heißt weiterhin: Kein Leben haben können. Und das, so glauben viele von uns offenbar, ist heutzutage "In".

Ich selbst arbeite intensiv an einer Gegenwart, in der es zur Mode geworden sein wird "Zeit zu haben".

Denn erst dann können wir in aller Ruhe, aus der Gegenwart heraus, Zukunft gestalten, Dinge erschaffen und: Glücklich sein!

Mein Leitspruch lautet dabei:

„Ich gehe nicht nur wohin der vorgezeichnete Weg führen mag, sondern auch dorthin wo kein Weg ist und ich hinterlasse dabei eine Spur."

Dies finde ich erstrebenswert, um weiterhin ein dynamisches, gutes Überleben, mit Wohlstand im Leben sowie Zufriedenheit und Freude beim Erleben haben zu können.

Es ist geradezu unser aller Pflicht, ein starkes Miteinander in Gemeinschaften zu schaffen, sie dann zu erhalten und zu fördern. Mit anderen Organisationen sind sie zu vernetzen, die sich ebenfalls diesem Leitspruch anschließen können.

Ich stelle mir seit langem die Frage: Wie können wir gemeinschaftlich hier, zu dieser Zeit sowie im Laufe der Zeiten, mit genialen Ideen übereinstimmen, die sowohl die persönliche als auch die wirtschaftliche Selbstbestimmung fördern?

Mir ist nun klar geworden: Ausschließlich aus solchen Ideen heraus werden wir zu selbstbestimmten, selbstständig tätigen, von aktivem unternehmerischem Wirken bewegten Zugpferden beziehungsweise zu den stärkenden Stützen einer Gesellschaft der neuen Zeit.

Erst bei der Entwicklung der von Menschen entfachten, hilfreichen Maßnahmen zur Unterstützung von weiteren aktiven Menschen, wiederum als Unternehmer, werden wir zu echten, wertvollen Mitmenschen.

Aus der Übereinstimmung mit etwas vollkommen Neuem, das von persönlicher Eigeninitiative geprägt ist, geht dabei dann hervor, dass auch jeder Einzelne den gemeinsamen und dennoch selbstbestimmten Traum verwirklichen kann.
So löst er sich aus den Fängen fremdbestimmter, staatlicher Pseudohilfe, die nur vom Mammon bestimmt und getragen wird.

Auch Einzelpersonen können auf diese Art und Weise, im großen Rahmen von wohlwollenden Gemeinschaften, ein Stück Zukunft real werden lassen.
Gemeinsame Ideen verdichten sich. Sie wachsen zur Bildung von Gemeinschaft in verschiedenen Gruppen heran. Solche Gruppierungen sollten möglichst in gut überschaubaren Einheiten organisiert sein. Daran beteiligte Menschen können sich dann wiederum leichter gegenseitig unterstützen.
Diese Menschen nehmen dabei, im wahrsten Sinne des Wortes, ihre Zeit und damit ihr Leben in eigene Hände.

Erfreulicherweise sind die Initiatoren entsprechender Aktivitäten manchmal stur und durchsetzungsfähig genug, um ihre Zeit erfolgreich für die im Miteinander wachsenden Aktivitäten zu nutzen. Möglichst viele Menschen können dadurch ihrem Beispiel folgen.

Auch mir machen ein solche Beispiele mehr Mut, dem einmal entwickelten, jetzt zu eigen gemachten Pfad zu folgen.

Die von hoher Ethik getragenen und daher weitgehend unantastbaren Systeme läuten den Beginn einer neuen Ära ein.

Mit der Mithilfe beherzter Mitmenschen trägt sich die Idee der gegenseitigen Unterstützung rasch voran, von Mensch zu Mensch zu Mensch. Die Ergebnisse solcher Aktionen sind wahrhaft überwältigend.

Wer nicht wenigstens einmal erlebt hat, wie sich die Menschen voller Vertrauen, zwar nicht ganz uneigennützig aber mit offen gezeigter Freude und dadurch mit Schaffenskraft, gegenseitig helfen können, kann es kaum glauben.

Erst das fantastische Erlebnis in einer Gruppe Gleichgesinnter dabei zu sein, gibt genügend Realität für die Nachahmung.

Lasst Euch daher zum Miteinander einladen, von irgend jemandem, der auch Euch ehrlich unterstützt und Euch den Wohlstand gönnt. Denn nichts ist überzeugender als die offensichtliche, wirklich handfeste und deutlich sichtbar sowie spürbar nachvollziehbare Realität, geboren aus einer im Geistigen ausgedachten Wirklichkeit.

Das hochwertige Produkt der Maßnahmen zur Unterstützung sind: Menschen die nach Zeiten schlimmer Entbehrungen wieder einmal erleben dürfen was Glück bedeuten kann.

Ich meine: Wir müssen angebotene Chancen dringend nutzen. Wir müssen mit dem uns eigenen, starken Sinn für Gemeinschaft übereinzustimmen, um kreativ an der Veränderung von im Geistigen entstehenden Wirklichkeiten mitarbeiten zu wollen, damit diese zu neuen Realitäten im Universum werden.

Die neue Gegenwart, das neue HIER und JETZT, erfordert nicht nur eine Vielzahl von Menschen, sondern vor allem starke Geister, die sich voller Enthusiasmus der Zukunft zuwenden.

Ein wahres Wort besagt hierzu:

"Der Geist ist der Boss."

Unser, in der Vielzahl einer Gemeinschaft, gestärkter Geist des Helfenwollens, muss durch tätiges Miteinander wieder rehabilitiert werden.

Das hochwertige Ziel von allen Menschen guten Willens sowie von deren guten Geistern heißt:

Selbsterkenntnis und Selbstbestimmung

Dies allein führt uns selbst zu mehr Selbstständigkeit,
dem ständigen Selbst.

Denn je mehr wir von der Fremdbestimmung abhängig gemacht werden, umso weniger werden wir über uns selbst entscheiden dürfen.

Dies geschieht beispielsweise, wenn wir unsere Stimmen bei irgendwelchen der Wahlen abgeben, um sie dann tatsächlich für lange Zeit quasi verloren geben zu müssen. Die demokratischere Lösung wäre eine fortlaufende Mitwirkung über so genannte Volksabstimmungen.

Vermehrte, sich bürokratisch selbst vermehrende, von bösartig unterdrückenden Schwindlern oder Betrügern aufgezwungene Fremdbestimmung, ist das erklärte Gegenstück zur Selbstbestimmung. Die aufgezwungene Fremdbestimmung ist das Mittel zur Verbreitung von Neid, Eifersucht und Missgunst.

Dies ist der Kontrollmechanismus der Leute, die uns mit ihrer, aus der Fremde bestimmenden, konzentrierten und zentralisierten Einflussnahme klein machen und dann klein halten wollen.

Durch eine gezielte Spaltung, durch Vereinzelung und durch die Polarisierung der Menschen untereinander wird Macht ausgeübt.

Deren erklärte Losung heißt:

„Teile und herrsche!",
im Sinne von: „Zerteile und beherrsche!"

So wurde in unserer Vergangenheit, der nicht allzu fernen Vergangenheit, daran gearbeitet, wirklich entsprechend mit Absicht darauf eingewirkt, dass Familien in ihren Grundfesten erschüttert wurden.

Die Familienclans, wie sie noch vor dem letzten Weltkrieg stark sein konnten, wurden aufgespalten. Individualismus war nun angesagt.

Den modernen Singles bereitete man, wer auch immer dies war und ist, ein völlig neues Lebensgefühl, weit abseits ihrer Familien.

Nur, wenn wir, jeder von uns, ganz persönlich Verantwortung auf uns nehmen, selbstbestimmt füreinander eintreten, brauchen wir immer weniger staatlichen Einfluss.

Dazu ist es sinnvoll und überaus wichtig eine eher unorganisierte Bewegung mit eigendynamischem, ethisch sehr hochwertigem Charakter zu bilden.

Diese Idee ist weitaus stärker, als jede aus der Fremde steuernde Organisation.

Lediglich kleinere, in der regionalen Nähe, weitgehend selbstbestimmt geführte Gemeinschaften, können mit gelebter Leichtigkeit etwas bewirken und im hohen Sinne der übergeordneten Menschenrechte tätig sein.

Deshalb: Schließt Euch vertrauensvoll zusammen! Bildet kleine, geradezu als privat anzusehende Einheiten.

Helft Euch im Miteinander gegenseitig, beim Leben wie beim Überleben. Werdet zum Vorbild für weitere Zellen mit hoher Moral und Ethik.

Nicht umsonst heißt es:

"Zuviel Staat macht unfrei, krank und arm!"

Daher brauchen wir eine neu zu gestaltende Zeiteinheit, eine Zukunft mit total veränderten Realitäten, in der die persönliche Selbstständigkeit besonders hoch im Kurs stehen darf.

In trauter Einigkeit übernimmt dann ein jeder mit Freuden die Verantwortung für jedermann.

Entscheidend dabei ist, dass auch jeder allen anderen den Wohlstand gönnt.

181

Deshalb ein wichtiges Wort zum Thema Geld:

Geld darf niemals der alles bestimmenden Faktor im Leben bleiben. Es soll einfach nur nützlich sein, ohne im Vordergrund stehen zu müssen.

Geld ist nichts anderes als eine andere Art von Energie. So wie Energie nur dann Wirkung zeigt, wenn sie in Bewegung gesetzt ist, so muss auch Geld ständig fließen.
Alle Maßnahmen, um Geld einzusperren oder abzusaugen, es der Leben spendenden Wirtschaft zu entziehen (wie zum Beispiel durch überhöht irre Steuern, übermäßiges Ansparen oder durch Überversicherung, sowie durch waghalsige Spekulationen, ...), damit gezielt für einen Mangel zu sorgen, vermehren die Armut der Menschen.
Geld hat allein dazu zu dienen, die Arbeit, Güter und Dienstleistungen, im angemessenen Ausgleich zu bezahlen.
Das Geld wurde pervertiert, sowohl in der Vergangenheit als auch in der Gegenwart, indem man: Mit Geld wiederum Geld macht.
In der Zukunft muss dem Geld wieder der ursprüngliche, sinnvolle Nutzen zugewiesen werden, einfach als ersatzweises Tauschmittel.

Gegenseitige Hilfe hat nur am Rande mit Geld zu tun!

Aber: Wer seinen Mitmenschen entsprechend hilft, darf selbstverständlich auch selbst Hilfe erwarten.

Allerdings können wir uns nur dann gegenseitig effektiv helfen, wenn wir uns untereinander auch kennen und verstehen. Freunde helfen sich immer leichter als Fremde.

Das ist der einigende Gedanke der bereits bestehenden, vielfältigten Einheiten, in denen man sich wirklich gegenseitig kennt und sich in die Augen schauend Vertrauen aufbaut.

Das Vertrauen, das sich die Menschen dabei schenken, ist das Schmiermittel, um die Dynamik der Hilfsbereitschaft voran zu bringen.

Miteinander in Kommunikation zu kommen und zu bleiben löst eine Vielzahl von Problemen.

Wenn wir uns in diesem Geiste zusammentun, in dem Wissen und der Erkenntnis worum es dabei wirklich gehen kann, dann wird auch mein Traum von Zukunft zur Wirklichkeit.

„Die Zukunft hat viele Namen:
Für Schwache ist sie das Unerreichbare,
für die Furchtsamen das Unbekannte,
für die Mutigen die Chance."

Victor Hugo

„Die Zukunft soll man nicht
voraussehen wollen,
sondern möglich machen."

Antoine de Saint-Exupery

„Mehr als die Vergangenheit
interessiert mich die Zukunft,
denn in ihr gedenke ich zu leben."

Albert Einstein

„Das Merkwürdige an der Zukunft ist wohl
die Vorstellung, dass man unsere Zeit
einmal die gute alte Zeit nennen wird."

Ernest Hemingway

Schlussbemerkungen

Mir wird immer wieder vorgehalten: „Wie kommst Du darauf, dass alles ein Spiel sei? Mein Leben ist garantiert kein Spiel! Was ich schon alles erleben musste, hat mit einem Spiel nichts gemeinsam."

Darauf kann ich nur erwidern: „Ich habe nie behauptet, dass alle Spiele schön sind.

Schau Dir die Spielbestandteile und vor allem die Spielverderber an. Dort wirst Du ganz sicher etwas finden, was Deinem Spielverlauf den Garaus macht.

Du kannst außerdem davon ausgehen, dass sich irgendwo, irgendwann im ach so langen seelischen Dasein eine oder mehrere Ursachen finden lassen, die in dieses kurze körperliche Leben hereinwirken. Finde die Ursache für Deine Pein und Du wirst Dich von den karmischen Einflüssen befreien können.

Letztlich bist immer Du selbst der Erzeuger Deiner Lebensumstände, bewusst oder eben nicht bewusst!"

Das „Große Spiel" hat sowieso ganz andere Dimensionen, als wir Menschlein es uns vorstellen können. Deshalb brauchen wir uns offenbar oder anscheinend keine großartigen Gedanken über den Spielverlauf machen.

Dennoch gilt einzig und allein: Wir müssen unser Selbst als Geistiges Wesen, als TAO, finden und uns schon heute so verhalten, als wären wir diese TAO-Seele.

Dazu gehört unter anderem der zwischenmenschliche oder zwischengeistige Zusammenhalt, das Miteinander im Sein. Niemand soll sich über irgendeinen anderen erheben. Niemand darf sich als etwas Besseres wähnen.

Als TAO im Einzelnen sowie in der Gesamtheit bilden wir sowohl den geistigen Kosmos als auch das physikalische Universum. Ohne uns gäbe es kein „Großes Spiel". Wir waren von anfang an dabei und sind es noch heute.

Das, was wir als Individualisierung kennen, ist sowieso nur eine Illusion, voll der unterschiedlichsten Betrachtungsweisen.

Es gibt lediglich verschiedene Aspekte von TAO. Dabei ist die Beseelung unserer Umgebung tatsächlich ein Ausdruck unseres eigenen Dabeiseins.

So wie wir, jeder für sich und alle miteinander, uns in dieses Umfeld einfügen, so ist es unser ureigenes, selbst gestaltetes Feld.

Rupert Sheldrake, der britische Biologe, spricht vom morphischen Feld.

In der Quantenphysik haben die maßgeblichen Wissenschaftler insbesondere Werner Heisenberg, der Physiker und Nobelpreisträger, erkannt:

„Wir können nicht beobachten, ohne das zu beobachtende Phänomen zu stören, und die Quanteneffekte, die sich am Beobachtungsmittel auswirken, führen von selbst zu einer Unbestimmtheit in dem zu beobachtenden Phänomen."

Daraus folgt: Nichts ist, wie es scheint! Wenn ein Beobachter das Ergebnis im Experiment verändert, kann davon ausgegangen werden, dass es noch viele weitere unbekannte und unerklärliche Einflüsse auf die Realität gibt.

Vieles deutet darauf hin, dass das, was wir für unverrückbare Fakten der Realität halten, nur ein kleiner Ausschnitt dieser Realität ist. Wieviel Prozent aller Faktoren und Einflüsse wir wirklich kennen, ist nicht bekannt.

Vor diesem Hintergrund erscheinen Fragen wie die folgende von Albert Einstein vielleicht gar nicht mehr so abwegig: „Existiert der Mond auch dann, wenn keiner hinsieht?"

Eines kann jedenfalls als gesichert betrachtet werden, wie auch Christina Syndikus, Heilpraktikerin für energetische Heilmethoden, feststellt: „Was die Natur der Wirklichkeit ist, ist nach wie vor offen."

Hier bleibt nur das Eine: Wir müssen uns von der Vorstellung trennen, Realität und Wirklichkeit in einen Topf zu werfen. Das Bewusstsein für die Wirklichkeit ist etwas völlig anderes, als die anscheinend so fest gewirkte Realität.

Von diesem Unterschied können besonders Kriminalbeamte und dergleichen ein Lied singen, die mit Beobachtern von Unfällen und ähnlichem zu tun haben: Verschiedene Blickwinkel bringen völlig andere Betrachtungen hervor. Hinzu kommen noch Spekulationen und eventuell auch Rechtfertigungen, wenn sich jemand zumindest teilweise mitschuldig fühlt.

Die Wirklichkeit ist eher geistiger Natur, während die Realität sich als physisch kompakt darstellt.

Die Bewusstheit für die Wirklichkeit kann von der offenbar oder doch nur wieder anscheinend objektiven Realität ziemlich weit entfernt sein. Sollte etwa diese geistige Wirklichkeit realer sein als die mit unseren begrenzten Sinnen wahrnehmbare Realität.

Gibt es die Phänomene wirklich, die unsere Phantasie zustande bringt? Gibt es Elfen und Zwerge, Einhörner und Drachen, Engel und Dämonen? Wer kann sich hier auf eine eindeutig reale Seite stellen?

Im Verlaufe von Spirituellen Rückführungen begegnen mir immer wieder genau diese Wirklichkeiten.

Das Geistige hat in der Vergangenheit schon wesentlich mehr erlebt, als viele von uns heute wahrhaben wollen. Warum sollen wir nicht selbst einmal die Wesen unserer Phantasie gewesen sein? Die geistige Welt der Tausend Möglichkeiten ist um ein vielfaches größer als die wahrnehmbare Realität.

Das „Große Spiel" ist noch längst nicht abgeschlossen. Wir selbst, als höheres Selbst, als Geistige TAO-Wesen, sind beteiligt, beim Erhalten der bis hierher ziemlich fertigen Bestandteile sowie beim Gestalten von völlig neuen Varianten, die weder uns als Menschwesen noch unserer Wissenschaft derzeit zugänglich sind.

Darüber hinaus gibt es auch körperlose Wesenheiten, die uns insgeheim unterstützen, uns vielleicht sogar vor unserer eigenen Unzulänglichkeit beschützen.

Lasst uns einfach das Spiel spielen und so viel Freude wie möglich daran haben, bewusst oder nicht bewusst.

Über den Autor:

Günter Karl Skwara, *19.07.1952

Während seiner vielfältigen beruflichen Tätigkeiten erlangte er Einblicke hinter die Kulissen von Betriebs- und Volkswirtschaft.
Ihm offenbarten sich zudem die sozialen Zusammenhänge, mit all ihren Ungerechtigkeiten und Abgründen.

Bei seinem Aufenthalt in Frankreich (1991 bis 1992) eignete er sich verschiedenes Wissen und Fähigkeiten an. Diese konnte er dann auch in Deutschland nutzen.
Er wurde Heiler von Morhange genannt und anerkannt als "Meister des Wandels" (master of change).

Seine Absicht besteht seitdem darin, Menschen aus dramatisch verfestigten Problemstellungen heraus zu helfen (physischer, psychischer sowie sozialer Art).
Als guter Zuhörer entlastet er, insbesondere mittels Spiritueller Rückführungen, schwierige Situationen seiner Rat- und Hilfesuchenden.
Mit leichter Hand führt er sie zu eigenständig gefundenen Lösungswegen. Er ist Begleiter auf dem Pfad zu Wohlbefinden, Zufriedenheit und Glücklichsein.

Günter Skwara

**Spiritueller
Rückführer**

**Meditationsbegleiter
Berater für Mentale Kommunikation**

> Spirituelle Rückführung

Finden von Ursachen, Aufarbeiten und Bereinigen alter Ereignisse, Rehabilitation und Mobilisierung von Kreativität, (Los)Lösen belastender karmischer Verstrickungen und/oder von Besetzungen.

> Mentale Kommunikation

Die Magie effektiver, Mentaler Kommunikation ist der Königsweg, zur Lösung aller menschlicher Probleme.

> Ganzheitlicher Energiefeldausgleich

Aus dem Gleichgewicht geratene Lebensenergie wird wieder stabilisiert und harmonisiert > für mehr Ausgeglichenheit, Stabilität und Balance im Dasein.

> Spiegelmeditation

Selbsthilfeprogramm: Erschließt Euch den Weg zum Selbst (zu Selbsterkenntnis, Selbstbestimmung, Selbstständigkeit). Taucht ein und rehabilitiert selbst Eure uralten Fähigkeiten!

Kontakt:

rueckfuehrer@googlemail.com

www.rueckfuehrer.de oder **www.studio-chi.de**